Oud worden in de praktijk

RUDI WESTENDORP
&
DAVID VAN BODEGOM

OUD WORDEN IN DE PRAKTIJK

LAAT DE OMGEVING HET WERK DOEN

Uitgeverij Atlas Contact
Amsterdam / Antwerpen

Deze uitgave werd mede mogelijk gemaakt door de Leyden Academy on Vitality and Ageing, een kennisinstituut dat eind 2008 op initiatief van Vereniging Aegon is opgericht.
De missie van de Academy is het promoten en verbeteren van de kwaliteit van leven van ouderen. Om dit te realiseren biedt Leyden Academy opleidingen, doet onderzoek en initieert ontwikkelingen op het gebied van vitaliteit en veroudering.

Omslagontwerp Bart van den Tooren
Illustraties en ontwerp poster Tijs Koelemeijer
Foto auteurs Fjodor Buis
Typografie binnenwerk Janneke Vlaming
Drukkerij Bariet, Steenwijk

ISBN 978 90 450 2959 7
D/2015/0108/770
NUR 860

www.atlascontact.nl
www.davidvanbodegom.nl
www.leydenacademy.nl

INHOUD

Waarom Kwaku in Noord-Ghana gezond oud wordt, terwijl Hans in Nederland op zijn zestigste versleten is. Met kleine, bewuste aanpassingen van de omgeving kunnen we ervoor zorgen dat we onbewust gezonde keuzes gaan maken. Hoe laten we de omgeving het werk doen?

PROLOOG: HANS EN KWAKU

Rudi Westendorp en ik, David van Bodegom, leerden elkaar kennen op de afdeling Interne Geneeskunde van het Leids Universitair Medisch Centrum. Rudi was destijds hoofd Ouderengeneeskunde, ik volgde het laatste deel van mijn opleiding tot arts. Tijdens mijn coschappen liep ik een dag mee met zijn spreekuur en daar ontmoetten wij Hans. Hans was 68 jaar en was de laatste patiënt van die dag. Hij had een hoge bloeddruk, een verhoogd cholesterol en diabetes. Hij had pijn in zijn kuiten als hij langere stukken liep omdat de vaten in zijn benen waren dichtgeslibd. Ook de vaten rond zijn hart waren aangetast, hij had een maand eerder zijn eerste hartinfarct doorgemaakt.

Hans is medisch gezien allesbehalve een uitzonderlijke patiënt. De spreekkamers zitten vol met oudere mensen zoals hij. Ouderdom komt met gebreken, en met de toenemende vergrijzing komt er steeds meer werk voor artsen. Toch besloten Rudi en ik om met het dokteren in de spreekkamer te stoppen. Rudi na een lange carrière als internist en ik al aan het begin van mijn medische carrière. Waarom? Omdat wij Kwaku hadden ontmoet.

Kwaku was 88, twintig jaar ouder dan Hans, toen wij hem voor het eerst ontmoetten in een klein dorpje in het noorden van Ghana. Daar, op het Afrikaanse platteland, hebben wij jarenlang de bewoners gevolgd om te begrijpen hoe mensen oud worden in een oorspronkelijke omgeving met een traditionele leefstijl, veel infectieziekten en zonder moderne medische zorg.

De eerste keer dat we Kwaku tegenkwamen begroette hij ons joviaal vanaf het landje naast zijn huis. Hij liet de stier waarmee hij zijn land aan het ploegen was over aan zijn zoon, sprong met enkele lenige stappen over de zojuist geploegde akker naar ons toe en gaf ons beiden een krachtige hand. Zijn bezwete lichaam gaf aan dat hij al een tijd op het land had gewerkt.

Het was in één klap duidelijk dat Kwaku anders oud was geworden dan Hans. Hij leek fitter en gezonder. En in het noorden van Ghana bleek Kwaku geen uitzondering. Zijn vrienden leken ook allemaal fit en gezond oud te worden.

Als dokters waren Rudi en ik geïnteresseerd of deze ouderen er niet alleen vanbuiten gezond uitzagen maar of ze ook vanbinnen gezond waren. We waren gefascineerd door het idee dat mensen echt anders zouden kunnen verouderen en onderwierpen de oudste bewoners aan een uitgebreid medisch onderzoek.

De resultaten verbaasden ons, al was het bekend dat hart- en vaatziekten geen groot probleem vormden in Afrika; de meeste mensen overlijden er immers al op jonge leeftijd aan infectieziekten. Maar er zijn ook mensen die wel oud worden en wij zagen dat zij een heel andere lichaamsbouw en stofwisseling hadden dan oude mensen in Nederland. Bovendien hadden de meesten van hen na zeventig, tachtig of zelfs negentig jaar nog gezonde vaten. Deze ouderen waren niet alleen vanbuiten mooi oud, maar ook vanbinnen vonden wij artsen dat ze er fraai uitzagen. De conclusie was helder: mensen op het platteland in het noordoosten van Ghana worden gezonder en fitter oud, zonder moderne medische zorg.

Hans was in het hoogontwikkelde Westen ongezond oud geworden. Zijn leefstijl leidde tot het 'metaboolsyndroom', waarbij te weinig lichamelijke activiteit en te veel eten leiden tot overgewicht, een hoge bloeddruk en een verstoorde suiker- en vetstofwisseling. Wanneer de symptomen daarvan zich beginnen aan te dienen is de gang naar de spreekkamer snel gemaakt.

Als gevolg van hun jarenlange scholing en een toenemende strikte praktijkvoering zoeken veel artsen als een reflex de oplossing voor mensen als Hans in pillen, injecties, dotterbehandelingen, stents en bypassoperaties. De vraag is of dit wel de enige en juiste oplossing is van het probleem. Van Kwaku kunnen we leren dat de oplossing van het metaboolsyndroom ligt in een gedragsverandering, waaronder meer lichamelijke activiteit en gezonder eten.

De hierboven beschreven medische reflex vertonen veel dokters niet alleen bij hart- en vaatziekten. Ook bij mensen met andere ouderdomskwalen grijpen artsen vaak automatisch naar pillen terwijl andere oplossingen niet eens ter sprake komen. Zo gaan ze voorbij aan het feit dat iemand als Kwaku al die ouderdomskwalen niet kent, ook al is hij 88. Dat komt omdat deze kwalen niet alleen het gevolg zijn van ouderdom maar vooral ook met leefstijl te maken hebben.

Hans wist best dat zijn leefstijl hem niet de beste kansen gaf op een gezonde oude dag. Jarenlang hadden voorlichtingsfilmpjes hem toegesproken. Dat gebieden en verbieden is niet alleen niet leuk, het beklijft ook niet en wordt op den duur vooral irritant. Bij Hans werkte het ook niet, en hij was niet de enige. De afgelopen decennia is onze leefstijl ongezonder geworden. Nederlanders worden steeds dikker en minder actief, en ontwikkelen op leeftijd steeds vaker diabetes en andere verouderingsziekten.

Zou het zo kunnen zijn dat Kwaku – een overlever op het ruige platteland – 'sterkere' genen heeft meegekregen en daarom 'mooi' oud wordt? Nee, dat is het niet. Ghanezen die op jonge leeftijd naar de hoofdstad verhuizen, nemen daar een westerse leefstijl aan, waardoor zij niet aan infecties overlijden maar wel overgewicht, diabetes en hart- en vaatziekten ontwikkelen. Het is ronduit verwarrend om in een zich ontwikkelend land als Ghana tegelijkertijd de vroege sterfte door gebrek en de late sterfte door overvloed te zien.

Het geheim van Kwaku is *dat zijn genen bij zijn omgeving passen*. Ook in Nederland hebben tot enkele generaties geleden mensen geleefd in een omgeving zoals die van Kwaku. Het leven was hard en er werd nogal wat van ons lichaam gevraagd. Pas gedurende de laatste honderd jaar is onze omgeving radicaal veranderd. Onze levensstandaard is dramatisch verbeterd, met een spectaculaire toename van de levensverwachting als resultaat. Maar alles heeft een prijs.

In onze oorspronkelijke omgeving was lichamelijke activiteit een onlosmakelijk deel van het dagelijks leven, en was voedsel een schaars goed. In onze moderne omgeving is er voedsel in overvloed en is lichaamsbeweging tot een minimum beperkt. Onze genen zijn (nog) niet aan deze moderne omgeving aangepast. Daarvoor zijn de ontwikkelingen veel te snel gegaan. Diep vanbinnen zijn wij allemaal Kwaku's.

Ons lichaam is in duizenden generaties evolutie aangepast aan een omgeving met perioden van schaarste. Daarom eten we nog steeds iets meer dan we direct nodig hebben, en bewegen we niet als dat niet strikt noodzakelijk is. Ook hebben wij speciale receptoren op onze tong om zoet te detecteren. Die receptoren zijn verbonden aan pleziercentra in ons hoofd. In zoete dingen zitten veel calorieën – die moesten onze voorouders herkennen en eten – en daarom wordt dat gedrag beloond met een gelukzalig gevoel. In een omgeving zoals die van Kwaku, in onze oorspronkelijke omgeving, was dit biologisch instrumentarium voordelig om te overleven, maar in onze moderne omgeving worden we er ongezond oud door.

Het is niet de schuld van Hans dat hij ziek werd. Het is de schuld van ons allemaal. Wij hebben met elkaar een omgeving gecreëerd waarin we niet meer komen te overlijden door gebrek of infectieziekten. Toch is het dezelfde omgeving die ons op hogere leeftijd ziek maakt. Overal wordt lichamelijke activiteit overgenomen door roltrappen, liften, auto's, treinen, wasmachines, stofzuigers en keukenapparaten. Tegelijk wordt ons in supermarkten, winkelcentra en op straat een overvloed aan voedsel gepresenteerd.

We hebben bedrijven opgericht die de laatste psychologische inzichten en geavanceerde marketing gebruiken om ons te veel, te vet, te zoet en te zout te laten eten. We hebben producten gecreëerd die ons lichaam zo goed mogelijk op zijn wenken bedienen. Al dit aanbod speelt in op de biologische mechanismen die we door evolutionaire selectie hebben verkregen, omdat ze ons vroeger hielpen om te overleven, maar die ons nu juist ziek maken.

Zo worden kilometervergoedingen uitgekeerd per afgelegde autokilometer, maar niet per fietskilometer. De prikkel ligt verkeerd. Een belastingteruggave voor gefietste kilometers, daar zou je vaker de fiets door pakken! Met de huidige richtlijnen voor de ideale werkplek creëren we welbeschouwd een dodelijke werkplek. Wie dertig jaar op een bureaustoel wordt geparkeerd krijgt een buikje, een verhoogd cholesterol, een hoge bloeddruk, broze botten en slappe spieren, een verhoogd risico op hart- en vaatziekten en sterfte op de koop toe.

Wij denken te vaak dat ons gedrag rationeel wordt bepaald. Wij bepalen toch zelf wat we eten en of we naar de sportschool gaan? Toch laat onderzoek zien dat wij nog altijd gevangenzitten in een lichaam dat is geëvolueerd om zo veel mogelijk calorieën binnen te halen en zo min mogelijk daarvan te verspillen. Mensen die boodschappen doen op het moment dat zij honger hebben kopen niet alleen meer eten, ze 'kiezen' ook zoetere en vettere producten. Ons brein kiest dat instinctmatig uit.

Onze huidige omgeving bedient dat lichaam op zijn wenken. Wij kiezen niet hoeveel we eten, ons brein laat ons eten tot het bord leeg is. Zo bepalen niet wijzelf, maar bepaalt de grootte van de porties hoeveel wij eten. Wij kiezen veel minder bewust dan we doorgaans denken of hopen. Als wij een kantine binnenkomen, dan gaan we aan tafel zitten. Op een receptie blijven we staan. Dat zijn echt geen bewuste keuzes. Veel gedrag wordt bepaald door evolutionair geselecteerde reflexen die ons in de oorspronkelijke omgeving voordeel boden maar waardoor wij nu slaaf van onze moderne omgeving zijn geworden. En dat leidt tot ongezonde veroudering.

Wie geen slaaf van zijn omgeving wil zijn, kan ontsnappen. Maar ontsnappen is moeilijk. Het is te gemakkelijk om Hans als een 'slappeling' weg te zetten en mensen via gebieden en verbieden gezond gedrag op te leggen. De simpele waarheid is dat onze genen niet altijd in onze moderne omgeving passen. Omdat we onze genen niet kunnen aanpassen, is er maar één duurzame oplossing: we moeten onze omgeving aanpassen. Daardoor zal de leefstijl van Hans meer op die van Kwaku gaan lijken. Niet door Hans *bewust* dingen te gebieden en te verbieden maar door onze leefwereld zo aan te passen dat de omgeving het werk doet. Door een zit-sta-bureau zal Hans gedurende de dag meer korte beweegmomenten inbouwen. Ook kan de omgeving helpen om een ander eetpatroon te ontwikkelen, te stoppen met roken of om meer sociale relaties op te bouwen. Zo kunnen we ervoor zorgen dat we onbewust de dingen gaan doen die ons gezond houden in plaats van ons ziek maken.

Wij pleiten voor aanpassingen in onze leefomgeving waarin wij iedere dag verkeren. Op het werk, op school, maar ook in winkels, in de openbare ruimte, restaurants en kantines. Ook thuis kunnen wij met kleine aanpassingen ons onbewuste gedrag sturen. Mensen die van kleinere bordjes eten nemen minder calorieën tot zich zonder dat zij het zelf in de gaten hebben.

Bij aanpassingen aan de omgeving moeten we ook onze sociale relaties betrekken. Veel van ons onbewuste gedrag wordt door onze vrienden, familie, collega's en huisgenoten bepaald. Mensen met dikke vrienden hebben een hoger risico om zelf dik te worden. We kunnen ook niet zonder anderen om ons heen. Investeren in sociale contacten is niet alleen aangenaam, voor een gezonde oude dag blijkt een goed netwerk ook een essentiële voorwaarde.

Wie er dankzij bewuste, kleine aanpassingen van de omgeving voor zorgt dat hij onbewust en als vanzelf de gezonde keuzes maakt, is geen slappeling omdat hij niet bewust de goede keuzes kon maken. Zo iemand is juist sterk omdat hij zichzelf weinig hoeft te gebieden en te verbieden. Juist daardoor kunnen mensen zich af en toe losbandig gedragen. Als gezonde keuzes leuker of makkelijker zijn kunnen wij gezond leven lang volhouden en de kans op ouderdomsziekten verminderen.

Veel van de aanpassingen in onze omgeving kunnen we zelf maken, maar ook bij de overheid en bedrijven moet het roer om. In de eerste plaats om ziekmakende omgevingen te laten verdwijnen, zoals we bijvoorbeeld met asbest hebben gedaan, en beter nog, door omgevingen te creëren die ons gezond houden.

Er zijn al vele goede voorbeelden. In Denemarken is bij wet vastgelegd dat elke werknemer recht heeft op een werkplek waarbij hij zittend met staand werken kan afwisselen. In Noord-Amerika worden steden omgebouwd tot *Blue Zones*, waar mensen worden verleid tot het maken van gezonde keuzes. Belangrijk is dat een omgeving die onbewust aanzet tot gezonder gedrag *iedereen* bereikt – en niet alleen de enkelen die het lukt met grote wilskracht en uitzonderlijke zelfbeheersing aan onze evolutionaire erfenis te ontsnappen.

Diep vanbinnen zijn wij allemaal Kwaku's, maar we leven in een door onszelf gecreëerde, ziekmakende omgeving. Rudi heeft daar eerder een boek over geschreven: *Oud worden zonder het te zijn*. Daarin ging het erover dat we vandaag de dag in Nederland vrijwel allemaal oud worden en aan dat lange leven zelf invulling moeten geven. In dit boek, *Oud worden in de praktijk*, onderzoeken we het antwoord op de vraag waarom Kwaku in Noord-Ghana gezond oud wordt en Hans in Nederland op zijn zestigste al versleten is.

In de ruim tien jaar dat wij nu samenwerken hebben wij ons dat inzicht stap voor stap eigen gemaakt. Door zelf de regie te voeren over onze omgeving kunnen we het probleem oplossen dat we samen hebben veroorzaakt. In dit boek laten we zien hoe mensen dat in praktijk kunnen brengen.

Ten slotte. We hebben een balans proberen te vinden tussen wetenschappelijke verantwoording en toegankelijkheid, tussen wetenswaardigheden en nieuwe inzichten. Daarom is aan het einde van dit boek een verantwoording opgenomen waar extra informatie en verwijzingen zijn te vinden voor hen die meer willen weten. Vanzelfsprekend ontbreken in dit boek ook anekdotes niet. Daarvoor zal ik – David – of ik – Rudi – tot u het woord richten.

Waarom wij naar Ghana gingen om ouderen te
onderzoeken in een oorspronkelijke omgeving.
Kwaku wordt gezonder oud; zijn geheim is
dat zijn genen bij zijn omgeving passen.
Wat kunnen wij van hem leren?

1

HOE MENSEN OORSPRONKELIJK OUD WERDEN

OP EXPEDITIE

De levensverwachting bij geboorte is in Ghana 60 jaar, maar dat wil uiteraard niet zeggen dat niemand er ouder wordt dan 60. Waarom zou je nu juist die ouderen willen onderzoeken? Omdat ze bijzonder zijn. Of beter gezegd: omdat ze *oorspronkelijk* zijn.

Over heel de wereld wordt onderzoek verricht naar de oorzaak van veroudering. Wetenschappers bestuderen veroudering in alle organen en weefsels, tot in de kleinste delen van onze cellen. Bijna al dit onderzoek vindt plaats op universiteiten in westerse landen, die onderzoek doen naar mensen die ouder worden in een moderne omgeving van overvloed. De manier waarop mensen in moderne samenlevingen verouderen, met ziekten als diabetes, hart- en vaatziekten en kanker, wordt voor een groot deel beïnvloed door onze huidige omgeving en leefstijl. Wat wij chronische ziekten noemen zijn vooral kwalen die tijd nodig hebben – daarmee bedoelen we: in tegenstelling tot infectieziekten die plots de kop opsteken – en daarom juist bij ouderen optreden. Wij wilden onderzoek doen in een niet-westers land.

Een tweede reden waarom wij interesse hadden om veroudering in Ghana te bestuderen was dat we benieuwd waren hoe mensen oud werden in onze oorspronkelijke 'habitat': de omgeving waarin mensen al tienduizenden jaren leven en oud worden. Hoe verloopt ons oorspronkelijke verouderingsproces bij een traditionele leefstijl en zonder medische zorg? Ghana was een geschikte plek voor dit onderzoek. De mens heeft tienduizenden jaren gewoond in een omgeving zoals die nu grotendeels nog in het noordoosten van Ghana bestaat.

Tot aan de onafhankelijkheid in 1957 was Ghana een Britse kolonie met de klinkende naam Gold Coast. Lange tijd handelden de kolonisten aan de kust in goud en slaven. Nog steeds kun je de oude forten bezoeken die Portugezen, Denen, Zweden en ook de Hollanders lieten bouwen. Het zuiden van Ghana, dat altijd gedomineerd is geweest door de rijke Ashanti, is nog steeds veel ontwikkelder en rijker dan de rest van het land.

Ons onderzoekscentrum lag niet in het rijke zuiden, maar in het uiterste noordoosten, bij de grens met Togo en Burkina Faso. Hier vind je geen tropische kusten, deze regio ligt in de Sahel, een landstreek die gekenmerkt wordt door een lang en warm droog seizoen en een kort regenseizoen waarin landbouw mogelijk is. De regio is een van de armste delen van Afrika en dat was precies de reden dat we hier onderzoek wilden doen. Hier is geen medische zorg en geen geboorteplanning, hier komen infectieziekten, parasieten en epidemieën voor, en is er schaarste aan voedsel. In dit gebied volgden wij gedurende negen jaar ruim 25 000 mensen, jong en oud, en ieder jaar gingen we op expeditie.

De bewoners van het gebied behoren tot verschillende

stammen, die allemaal hun eigen talen en gebruiken hebben. Gelukkig hadden we veel lokale veldwerkers in ons team die de gebruiken kenden en de talen spraken. De mensen in het noorden van Ghana zijn zelfvoorzienende boeren die leven in drie-generatiegezinnen en wonen in kringen van lemen hutten – *compounds* genaamd.

Voordat wij in Ghana arriveerden had de afdeling Parasitologie van de Universiteit Leiden al enige jaren onderzoek gedaan naar een darmparasiet die alleen in dit gebied voorkwam. Die infectie hebben zij weten uit te roeien. Ten behoeve van hun onderzoek hadden zij de hutten genummerd met witte verf en een soort gemeentelijke basisadministratie opgezet. Met behulp van gps hadden zij bovendien een kaart gemaakt van alle compounds om de mensen voor het onderzoek terug te kunnen vinden. Met deze administratie als basis begon ons onderzoek naar veroudering. Wij verzamelden genetisch materiaal, en toen ik – David – als student in Ghana aankwam was het mijn eerste taak alle families te bezoeken en stambomen te maken om hun onderlinge verwantschappen in kaart te brengen.

Ik kan me de eerste dag in het veld nog goed herinneren. Na het ontbijt kwam de tolk Daniël mij ophalen in een oude jeep, die al aardig vol zat met Ghanese veldwerkers. We reden over de velden en ik repeteerde mijn eerste woordjes Bimoba, de taal van de Bimoba's, die in dit gebied de grootste stam vormen. Ik had thuis al een beetje geoefend met het enige boek dat ooit in het Bimoba was verschenen: het Nieuwe Testament. Mijn voorbereidingen verschaften me daardoor een wat archaïsche basiskennis van deze taal. Ik kon nog geen koffie bestellen, maar met enige improvisatie had ik waarschijnlijk wel een korte mis kunnen houden. Gelukkig vonden de andere veldwerkers het leuk om mij hun taal te leren. We oefenden de begroetingen, goed voor heel wat gelach bij de andere veldwerkers achter in de jeep.

We kwamen aan bij het eerste huishouden. Bij de familie Laar wachtte ons een traditionele ontvangst. De eerste minuten wisselden we over en weer beleefdheden uit. Elke standaardvraag had een standaardantwoord. Na de ingestudeerde begroetingen begon ik aan de reconstructie van de stamboom. Meneer Laar bleek vier vrouwen te hebben. Ik tekende vier rondjes rondom het vierkantje dat meneer Laar voorstelde. Nu begon de puzzel: welk kind was van welke vrouw? Met 26 kinderen was het niet merkwaardig dat meneer Laar het niet meer exact wist, maar de vrouwen wisten het uiteraard precies. Na ook een halfbroer, een vriend, een neef en zes kleinkinderen te hebben ingepast was de stamboom van deze familie af.

In de middagen werkte ik de data uit. Mijn laptop was helaas kapotgegaan. In Afrika ging alles kapot, maar op slechts vijf uur rijden wisten we een aantal behangrollen op de kop te tikken. Uiteindelijk heb ik zeven behangrollen volgeschreven met stambomen. Met gekleurde strepen kon ik de verbanden tussen alle families, clans en stammen aangeven. Een willekeurige toeschouwer zou bij een eerste aanblik wellicht gedacht hebben dat ik de tropenkolder had, maar voor mij was de stamboom alleszins begrijpelijk. Ik was er trots op. De behangrollen hebben nog lange tijd ter decoratie in de gang van het Leids Universitair Medisch Centrum (LUMC) gehangen.

OUD IN AFRIKA

Gedurende mijn bezoeken aan Ghana ontmoette ik veel ouderen. Anders dan in Nederland, waar veel mensen oud werden zoals Hans, werden veel mensen die in Ghana de kinderjaren hadden overleefd oud zoals Kwaku: gezond en fit. Om deze oudere Ghanezen uitgebreid te kunnen onderzoeken trokken we diep het gebied in, van dorp naar dorp en voorzien van een mobiel onderzoeksstation. Daar verrichtten we allerhande metingen, maakten we echo's van de vaten in de benen en hartfilmpjes, en namen monsters voor uitgebreid bloedonderzoek.

Onderzoek doen in een mobiel onderzoeksstation in Ghana vergde wel enige improvisatie. Op het platteland van Ghana is er geen elektriciteit. Om de hartfilmpjes en de echo's te maken moesten we een dieselgenerator meenemen. Bij het maken van een hartfilmpje meet het ECG-apparaat een miniem stroompje dat door de hartspier wordt opgewekt. We moesten daarom wel zeker weten dat de generator geen storing zou geven op het gevoelige ECG-apparaat. Er was maar één manier om daar zeker van te zijn: uitproberen in Leiden. Uiteindelijk kochten we een tweedehands apparaat waarvan we zelf hadden vastgesteld dat het deed wat het moest doen.

Aangekomen in ons onderzoeksgebied pakten we alle zorgvuldig ingepakte spullen uit en probeerden of het ECG-apparaat de reis overleefd had. Het werkte! Precies twintig seconden. Daarna gingen de lampjes uit en kreeg niets het apparaat meer aan de praat. We belden met het bedrijf in Zwitserland dat het geleverd had. De technische dienst vierduizend kilometer verderop in de Alpen vond het een erg interessant geval maar kon ons probleem niet oplossen. Veel hadden we niet meer te verliezen. We deden een schietgebed en staken een schroevendraaier in de kast van het ECG-apparaat. Met een doffe krak sprong het open. Binnenin zaten allerhande elektronica en een accu van zes aan elkaar gesoldeerde batterijen. We plakten zes nieuwe batterijen met plakband aan elkaar en de lampjes gingen aan. Je moest de batterijen een beetje tegen elkaar duwen, maar het ECG-apparaat deed het weer.

Ik vroeg aan een van de Ghanese veldwerkers of hij een bakje kon maken waar de batterijen precies in pasten, zodat we ze niet de hele dag in positie hoefden te houden. Na twintig minuten kwam hij terug met een prachtig houten bakje. Hij verontschuldigde zich dat hij zo lang was weggebleven, maar hij had even moeten zoeken naar de veertjes die de batterijen tegen elkaar hielden. Uiteindelijk had hij ze uit een oude knuffelbeer gehaald waar batterijen in hadden gezeten. Het werkte perfect. Ons ECG-apparaat gemaakt met Zwitserse precisie was gerepareerd met een oude Chinese knuffelbeer die ooit 'I love you' zong.

Het opnemen van alle ECG-signalen in Ghana was een aanzienlijke klus, maar nadat we uiteindelijk alle gegevens hadden geanalyseerd, verbaasden de resultaten ons zeer. Het was al wel bekend dat hart- en vaatziekten niet vaak voorkomen in Afrika, de meeste mensen overlijden immers aan infectieziekten. Toen we de gegevens van de ECG's aflazen bleek echter dat de mensen die wél oud werden – zeventig, tachtig of zelfs negentig jaar – ook veel minder vaak dan verwacht tekenen van kransslagadervernauwing vertoonden. Op hartfilmpjes van ouderen in het Westen zie je bij bijna 10 procent van de ouderen de gevolgen van een doorgemaakt hartinfarct. Bij oudere Ghanezen was dat slechts bij 2 procent. En die gezonde vaten hadden de Ghanese ouderen niet alleen in hun hart, maar ook in hun benen. In westerse landen kun je bij een kwart van de mensen van 85 jaar de verstoppingen met een echoapparaat meten. In Ghana was dat maar bij 3 procent van de mensen het geval.

Bij ritmestoornissen van het hart – vaak een gevolg van kransslagaderverkalking – was het verschil nog duidelijker. In het Westen komt boezemfibrilleren, dat kan leiden tot beroertes, bij 10 procent van de 85-jarigen voor. In Ghana vonden we maar drie gevallen van boezemfibrilleren terwijl we van meer dan duizend ouderen hartfilmpjes maakten.

Het waren opmerkelijke bevindingen: mensen in Ghana verouderen anders dan in het Westen. Hart- en vaatziekten, die in de ontwikkelde landen bij mensen op leeftijd een van de voornaamste doodsoorzaken vormen, troffen we in het noordoosten van Ghana praktisch niet aan, ook niet bij de alleroudsten. Het leek erop dat wij nog wel iets van Kwaku en zijn vrienden konden leren.

Maar wat is dan hun geheim? Waarom bleven de bloedvaten van Kwaku en zijn vrienden wel gezond en die van Hans niet? We besloten verder onderzoek te doen naar het metabolisme, de stofwisseling, van de oude Ghanezen. Allereerst namen we nauwkeurig alle lichaamsmaten op. De metingen bevestigden onze eerste indruk: oudere Ghanezen waren niet dik. We berekenden hun Body Mass Index (BMI) door hun gewicht te delen door hun lengte in het kwadraat. Een ideale BMI wordt in het Westen gedacht tussen de 20 en 25 te liggen. De BMI van de oudere Ghanezen bleek daar met gemiddeld 18,6 ruim onder te liggen. In westerse landen ligt de BMI bij ouderen gemiddeld boven de 25.

Om de stofwisseling beter te onderzoeken namen we van ruim duizend personen bloedmonsters mee terug naar Nederland. Dat klinkt eenvoudig, maar dit was logistiek een hele *tour de force.* Aan het eind van twee maanden veldwerk stonden tweeduizend kleine buisjes bloed netjes gerangschikt in een vriezer klaar voor transport. Ze mochten onder geen beding ontdooien. Naarmate het onderzoek vorderde liet de stroomvoorziening het echter regelmatig afweten. Als de stroom uitviel moesten we snel de dieselgenerator aanzetten. Overdag was dat eenvoudig, je merkte het meteen als de ventilator aan het plafond uitging. Maar hoe zorgde je er nu voor dat je op tijd wakker werd als 's nachts de stroom uitviel? Onze Ghanese chauffeur, een expert in improvisatie, bedacht de oplossing. Hij knoopte twee lege glazen bierflesjes met twee touwen aan de rotorbladen van de plafondventilator, die de flessen door de kamer zwaaide. Als de stroom uitviel, zo demonstreerde hij, stopte de ventilator met draaien en klingelden de flessen tegen elkaar. Toen we de ventilator weer aanzetten keken we trots naar het resultaat: twee lege bierflessen die als een dolle door de kamer zwierden. Uiteindelijk is het gelukt alle bloedmonsters bevroren naar het LUMC te versturen.

In Nederland werden de bloedmonsters in alle rust onderzocht in het laboratorium. De resultaten waren spectaculair. De oudere Ghanezen hadden een compleet andere stofwisseling dan de ouderen die wij uit Nederland kenden. Hun bloedsuikers waren absurd laag. In Nederland zijn de bloedsuikers gemiddeld rond de 5,5, in Ghana onder de 4,0. Dergelijke lage waarden komen in Nederland maar zelden voor.

Het cholesterol in bloed was bij de Ghanezen zo mogelijk nog lager. Nederlandse ouderen hebben een cholesterolgehalte van rond de 5,5, de oudere Ghanezen hadden een totaalcholesterol met een gemiddelde rondom 3,0.

Met de resultaten van het bloedonderzoek in de hand begrepen we al iets beter waarom de Ghanezen hun vaten zo lang zo gezond kunnen houden en waarom hartinfarcten zo weinig voorkomen. Cholesterol en suiker knagen namelijk aan de vaatwand, tot er verkalking optreedt. Maar *waarom* hebben Ghanezen zo'n ander metabolisme? Hoe komen ze aan die lage cholesterolwaarden en bloedsuikers?

Ooit woonden mensen allemaal in een omgeving waarin zij veel lichamelijke arbeid moesten verrichten om een schamel kostje te verdienen. Chronische aandoeningen die wij nu ouderdomskwalen noemen, zoals hart- en vaatziekten, diabetes, obesitas en nog vele andere, kwamen toen minder vaak voor, *ook* bij mensen op hoge leeftijd. In onze moderne westerse samenleving komen ze juist vaker voor bij ouderen. In die zin zijn het ook échte ouderdomskwalen. Door het verouderingsproces loop je gedurende je leven toenemende schade op, die op hoge leeftijd zover is gevorderd dat het klachten en symptomen geeft. Dan is een gemakkelijke weg terug niet meer mogelijk. Maar dat wil niet zeggen dat ouderdomskwalen onvermijdelijk zijn. Veroudering van hart en bloedvaten is vermijdbaar, kijk maar naar de ouderen in het noordoosten van Ghana. De conclusie die hieruit volgt is opvallend: niet de gevorderde leeftijd maar onze moderne leefstijl is de belangrijkste schuldige.

Of je nu in het onderontwikkelde noordoosten van Ghana woont, het rijke stedelijke zuiden van Ghana, of in het ontwikkelde Westen, altijd komen op gevorderde leeftijd je genen, de omgeving en het proces van veroudering bij elkaar. Het is niet of/of, maar en/en. Het samenspel tussen de drie factoren bepaalt of we ziek worden of gezond blijven. Deze kennis is van groot belang omdat het betekent dat we in de omgeving handvatten kunnen vinden waardoor het ons op hoge leeftijd beter zal gaan.

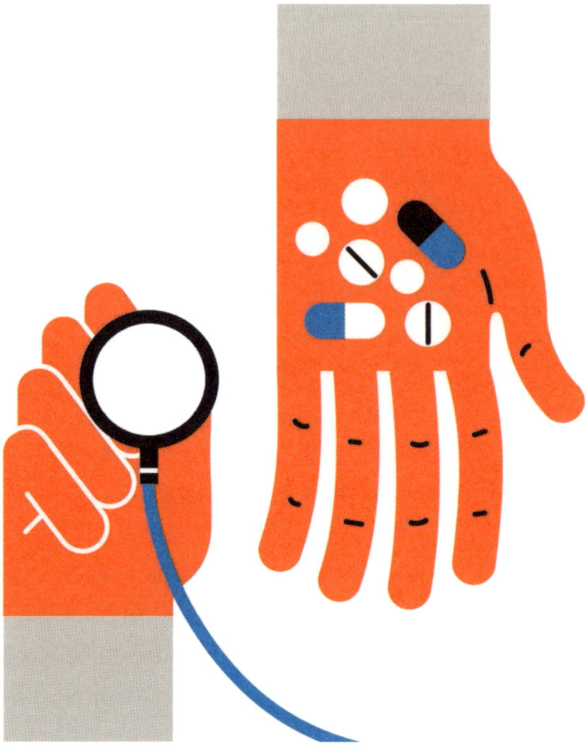

Hoe onze manier van verouderen veranderd is.
Waarom het voorschrijven van pillen – de medische reflex – niet altijd de goede oplossing is voor een probleem dat wordt veroorzaakt door een ongezonde leefstijl.
Hoe kunnen we voorkomen dat veroudering een 'ongeluk in slow motion' wordt?

2

HET NIEUWE OUDER WORDEN

IN DE KREUKELZONE

Tot zijn zestigste verjaardag had Hans eigenlijk weinig klachten over zijn gezondheid. Hij merkte weliswaar dat hij niet meer zo fit was als vroeger en op zijn foto's zag je dat hij ieder jaar een beetje zwaarder werd, maar dat gold voor al zijn leeftijdgenoten. Hij voelde zich niet ziek en kwam eigenlijk nooit bij de huisarts. De enige keer die hij zich kon herinneren was toen hij een jaar of vijftig was en hij vermoeidheidsklachten had die niet overgingen. De huisarts had hem onderzocht en niets bijzonders gevonden. Hij had gezegd dat er geen tekenen waren dat er iets ernstigs aan de hand was en dat het vanzelf wel over zou gaan. Als de klachten aanhielden of erger werden moest hij maar terugkomen.

Artsen worden opgeleid om te genezen, om te repareren wat kapot is. Ze gaan ervan uit dat er bij iedereen op een dag wel iets kapot zal gaan en dan doen zij hun best om de patiënt zo goed mogelijk te helpen. In 1962 werd in Sydney de eerste afdeling Hartbewaking ingericht. Patiënten met een hartinfarct – dat gebeurt als er door een bloedstolsel een afsluiting in een vernauwde of beschadigde kransslagader ontstaat – werden daar opgenomen om de ritmestoornissen van het hart te bestrijden en hen optimaal te laten herstellen. Dit uitgangspunt doet denken aan de insteek van de auto-industrie in voorbije jaren. Wanneer je een auto had aangeschaft kreeg je daar vroeger een boekje bij geleverd waarin de namen en adressen van alle dealers waren opgenomen. Dat was uitermate handig in het geval dat je door een ongeluk of pech stil langs de weg kwam te staan.

In de jaren tachtig ging de auto-industrie een stap verder en redeneerde dat iedereen wel een keer in zijn leven betrokken zou raken bij een ongeluk. Het resultaat waren auto's met een kreukelzone en een kooiconstructie om ervoor te zorgen dat de bestuurder en inzittenden zo goed mogelijk uit dat ongeluk zouden komen. Zoals kooiconstructies en kreukelzones ervoor zorgen dat mensen auto-ongelukken overleefden, zo hebben artsen een hele organisatie opgetuigd voor het geval mensen een hartinfarct ontwikkelen.

Tegenwoordig zijn ambulances met speciaal opgeleide verpleegkundigen binnen twintig minuten ter plaatse en uitgerust met ECG-apparaten om daar een hartfilmpje te maken. Dat filmpje wordt naar de katheterisatiekamer gestuurd, waar een team zich voorbereidt om, binnen een uur nadat de symptomen zijn ontstaan, de afsluiting in de kransslagader op te heffen. Soms wordt het stolsel opgelost door via de katheter speciale medicijnen toe te dienen. Vaak wordt de vernauwing opgerekt – gedotterd – en wordt de kransslagader met een buisje – een stent – opengehouden. Al deze op elkaar afgestemde acties zijn een groot succes: de sterfte aan hart- en vaatziekten is spectaculair gedaald. Waar mannen vroeger op hun vijftigste of zestigste aan hartinfarcten overleden, is de sterftekans voor mensen die een hartinfarct krijgen nu meer dan gehalveerd. Bij vrouwen komt het hartinfarct minder vaak en op latere leeftijd voor, maar ook zij profiteren van de nieuwe ontwikkelingen. Wie tegenwoordig levend het ziekenhuis haalt heeft 99 procent kans dat hij het ziekenhuis ook weer levend verlaat.

Het gevolg is dat er veel patiënten zijn die levenslang veel pillen moeten slikken en uiteindelijk toch een grotere kans hebben op hartfalen. Bij deze patiënten zijn de kransslagaderen immers aangedaan – hierdoor ontstond het hartinfarct – en zal een langzame opeenstapeling van kleine afsluitingen het hart steeds verder beschadigen. Hierdoor kan het zijn pompfunctie niet goed meer vervullen en ontstaat hartfalen.

Ondertussen is de auto-industrie de geneeskunde alweer een stap voor. Tegenwoordig worden auto's uitgerust met antislipmechanismen en met sensoren die automatisch de auto laten remmen wanneer je voorganger plotseling snelheid mindert. De auto's zijn er tegenwoordig niet alleen op gericht om je zo goed mogelijk uit het ongeluk te laten komen maar vooral ook om ongelukken te voorkomen. De medische professie zit echter nog in de kreukelzone-fase. Anders dan de auto-industrie zijn artsen er niet op gericht ongelukken te voorkomen, zij wachten tot het ongeluk komt en halen dan alles uit de kast om er het beste van te maken.

Toen Hans op zijn vijftigste met vermoeidheidsklachten bij de dokter kwam, had die niet moeten zeggen dat er niets ernstigs aan de hand was. Hij had net zo gealarmeerd moeten reageren als hij gedaan zou hebben wanneer Hans met een hartinfarct op de onderzoeksbank had gelegen. De dokter had met Hans moeten bespreken dat hij met zijn zittende leefstijl, zijn forse lichaamsbouw en slechte stofwisseling een groot probleem had. Hij had een professioneel oordeel moeten vellen en aan moeten geven dat Hans op deze wijze binnen tien jaar in de kreukelzone terecht zou komen, klachten zou ervaren, ziekten zou ontwikkelen en vroegtijdig zou komen te overlijden. Hij had Hans kunnen wijzen op het sterk verhoogde risico dat hij had op hart- en vaatziekten, diabetes en alle complicaties die daarbij horen: blindheid, nierfalen, hartfalen, open wonden en niet-genezende infecties die beenamputaties tot gevolg kunnen hebben.

Het probleem van Hans was toen al net zo groot als een hartinfarct nu. Iemand met een hartinfarct kan binnen enkele minuten overlijden. De aandoening van Hans is net zo dodelijk, alleen voltrekt het proces zich niet in minuten, maar in jaren. Eigenlijk is het een ongeluk in slow motion. De huisarts zou iemand als Hans intensief moeten begeleiden. Niet door hem te vertellen wat hij moet doen en laten maar door samen met Hans zijn omgeving en dagelijkse routine zo in te richten dat die automatisch kunnen voorkomen dat Hans tien jaar later een hartinfarct krijgt. Daarvoor moet de omgeving waarborgen dat Hans niet bij iedere beslissing hoeft na te denken om de juiste keuze te maken. De omgeving moet Hans daarin sturen, zoals nieuwe technieken moderne auto's wegsturen van het ongeluk.

Maar de dokter handelde niet alsof Hans een noodgeval was. Hij stelde hem zelfs gerust door te vertellen dat hij niets ernstigs onder de leden had en vroeg hem terug te komen als er iets kapot was. Dat gebeurde inderdaad tien jaar later.

Toen Hans 60 was kreeg hij de eerste klachten. Pijn in zijn kuiten bij het lopen. De dokter stelde de juiste diagnose: etalagebenen. Door de dichtgeslibde, vernauwde vaten in de benen stroomt er onvoldoende bloed, waardoor Hans na een kort stuk lopen steeds stil moest blijven staan om te wachten tot er weer voldoende bloed met zuurstof in zijn kuiten was gearriveerd. Ook had hij last van zijn ogen en moest hij veel plassen. De dokter mat een verhoogde bloedsuiker en stelde een tweede diagnose: Hans had diabetes.

Bij de verdere controle vond de dokter ook een verhoogde bloeddruk en een verhoogd cholesterol. Een ongezonde leefstijl had na vele jaren geresulteerd in een ongezonde oude dag. Het goede nieuws is dat het nooit te laat is om die leefstijl alsnog ingrijpend te veranderen. Op zijn zestigste zou Hans nog veel gezondheidswinst kunnen behalen door een gezonde leefstijl aan te nemen. Beginnende diabetes kun je met veel lichaamsbeweging niet alleen stoppen maar zelfs terugdraaien. Ook voor de etalagebenen van Hans is beweging de eerst aangewezen behandeling. Onder invloed van het zuurstoftekort in de benen maakt het lichaam bij beweging nieuwe vaten aan om de vernauwingen te omzeilen. Lichaamsbeweging en een gezond gewicht zorgen er bovendien voor dat het cholesterol en de bloeddruk lager worden.

DE MEDISCHE REFLEX

Maar de dokter zette geen zwaar geschut in om Hans aan het bewegen te krijgen. Volgens de officiële richtlijnen werd er een standaardriedel afgedraaid over een betere leefstijl. Veel artsen kijken met minachting naar leefstijladviezen, omdat 'die toch weinig effect hebben'. Dat klopt. Standaardriedels werken nu eenmaal niet, waarschijnlijk omdat ze zo standaard zijn. In plaats daarvan schreef de dokter Hans tabletten voor tegen een hoog cholesterolgehalte. Om de hoge bloeddruk naar beneden te krijgen schreef hij bloeddrukverlagers voor. Tegen de verhoogde bloedsuikers schreef hij bloedsuikerverlagende middelen voor. Dit handelen noemen we *de medische reflex*. Problemen worden opgelost met pillen en allerhande andere medische ingrepen.

Er is een goede rechtvaardiging voor de medische reflex. Artsen mogen zich tegenwoordig niet meer op ervaring beroepen maar moeten behandelingen voorschrijven die volgens biomedisch onderzoek zijn bewezen: *Evidence Based Medicine*. Dit zijn, bijvoorbeeld, medicijnen en behandelingen die over een lange periode in het laboratorium zijn ontwikkeld, waarvan de veiligheid eerst zorgvuldig op proefdieren is getest, waarvan in verschillende fases de veiligheid en werkzaamheid bij mensen zijn vastgesteld en waarbij uiteindelijk in heel grote groepen is uitgezocht welk medicijn in welke dosering het beste resultaat geeft in verschillende stadia van de ziekte. Zo krijgt Hans de medicijnen waarvan is bewezen dat ze de bloedsuikers, het cholesterol en de bloeddruk het sterkst verlagen.

De nieuwe medische ingrepen, de nieuwe medicijnen, ze hebben ons heel veel goeds gebracht. Toch blijft het gek dat de oorzaak van Hans' problemen niet bij de wortel wordt aangepakt. Alsof Veilig Verkeer Nederland zich er niet om zou bekommeren auto-ongevallen te voorkomen en er alleen in geïnteresseerd was om mensen uit kreukelzones te bevrijden.

In Nederland wordt per jaar acht miljard euro uitgegeven aan de zorg voor mensen met hart- en vaatziekten. Honderden artsen meten dag in dag uit bloeddrukken en cholesterol in bloed en stellen volgens strikt schema de voorgeschreven hoeveelheid pillen vast. Er worden miljarden uitgegeven aan bloeddrukverlagers, cholesterolverlagers, ambulances, dotterbehandelingen en bypassoperaties. En dat alles voor een ziekte waarvan we weten dat hij door een gezonde leefstijl kan worden voorkomen.

Voor de zorg aan mensen met diabetes geven we per jaar 1700 miljoen euro uit en voor de complicaties van de ziekte nog een veelvoud daarvan. Uitgezonderd de diabetes bij kinderen vindt de aandoening haar oorsprong in een ritme van iedere dag net te veel eten en net te weinig beweging. En daarvoor hebben we een heel medisch circus ingericht. Ruim een miljoen Nederlanders hebben diabetes. 90 procent daarvan is ouderdomsdiabetes, ook wel diabetes type 2, dat door een ongezonde leefstijl wordt veroorzaakt. 200 000 Nederlanders weten zelf nog niet dat ze diabetes hebben. 800 000 Nederlanders hebben de diagnose en een groot deel daarvan slikt pillen voor te hoge bloedsuikers of injecteert zichzelf iedere dag meerdere keren met insuline. De voorspelling is dat het aantal mensen met diabetes de komende jaren verder zal stijgen. In het noordoosten van Ghana hebben wij niemand kunnen betrappen op diabetes, ook niet als ze de 80 gepasseerd zijn.

De medische reflex komt veel voor bij bijna alle veelvoorkomende ziektebeelden en klachten. Ook voor psychische aandoeningen zoals depressie wordt de oplossing te vaak in pillen gezocht. Ruim een miljoen mensen in ons land gebruiken antidepressiva. Als je in een van de welvarendste landen ter wereld woont is het opmerkelijk dat er meer dan een miljoen mensen pillen moeten slikken om nog plezier in het leven te houden. Over de oorzaak van hun neerslachtigheid wordt onvoldoende gesproken. Terwijl onderzoek laat zien dat in de meeste gevallen praten net zo effectief is als pillen.

Slapeloosheid is een ander voorbeeld van een psychische klacht die nu nog te vaak wordt opgelost met een medische reflex. Ruim twee miljoen mensen in Nederland slikken pillen tegen slapeloosheid. In plaats van na te gaan wat de oorzaak is, schrijft de dokter een recept uit. Wetenschappelijk onderzoek heeft laten zien dat slaappillen alleen effectief zijn wanneer ze korter dan twee weken gebruikt worden. Bij langer gebruik treedt gewenning op en slapen mensen weer net zo slecht, alleen is de gebruiker door de pillen nu ook overdag suffer. Eenmaal aan de pillen is het moeilijk om te stoppen, omdat de slapeloosheid dan nog erger wordt. Ernstiger is dat ouderen door slaappillen meer kans hebben om te vallen en botten te breken. Het is niet alleen bewezen ineffectief en zonde van het geld dat aan de pillen wordt besteed, maar de medische reflex is in dit geval ook gewoon gevaarlijk.

Er zijn andere maatregelen en leefstijladviezen die ervoor zorgen dat mensen een stuk beter kunnen slapen. Bijvoorbeeld door het kunstlicht 's avonds te dimmen en de slaapkamer op een andere manier in te richten, maar daar zullen we in een volgend hoofdstuk nog uitgebreid bij stilstaan. Beweging is ook hier belangrijk. Wie wil dat zijn kinderen goed slapen weet wat hij moet doen: laat ze lekker de hele middag buiten ravotten. Na het avondeten kun je de kinderen opvegen. Wat voor kinderen geldt, geldt ook voor volwassenen en ouderen. Mensen op leeftijd ravotten te weinig.

Ook veel niet-psychische verouderingsklachten worden vanuit de medische reflex benaderd. Een goed voorbeeld is botontkalking; artsen diagnosticeren die als osteoporose. Veel vrouwen krijgen hier na de menopauze last van. In een medische reflex schrijven dokters direct drie tabletten voor: calcium, vitamine D en bisfosfonaten. De beste prikkel voor botaanmaak is echter het belasten van de botten. Net als spieren en veel andere weefsels worden botten sterker als ze intensief worden gebruikt.

In een fraai experiment verdeelden onderzoekers kinderen in twee groepen: een groep waarin ze de kinderen iedere dag lieten springen en een groep waarin dat niet werd gestimuleerd. De springende kinderen hadden na enkele weken veel dikkere botten ontwikkeld dan de kinderen uit de controlegroep. Maar kinderen springen tegenwoordig nauwelijks meer en volwassenen al helemaal niet. Mensen met osteoporose moeten lopen, hun botten belasten. Kalktabletten zijn niet nodig, een normaal dieet bevat in Nederland voldoende calcium. Met onze zuivelconsumptie zijn wij geen volk dat snel een calciumtekort oploopt, vier zuivelconsumpties (kaas, melk) per dag zijn voldoende. Vitamine D is wel belangrijk om het calcium op te nemen, maar het aardige aan vitamine D is nu juist dat het lichaam deze zelf kan aanmaken. Zonlicht is het enige wat ervoor nodig is. Een halfuur per dag met je handen en gezicht in de zon is al voldoende. Het probleem is ook hier weer dat wij de hele dag binnen zitten. Maar gelukkig, de medische reflex heeft daar een oplossing voor: eenmaal per dag vitamine D in tabletjes.

In het lichaam is een permanent proces gaande van afbraak en aanmaak van bot. Het hele skelet wordt op die manier iedere twee jaar vervangen. Wie weinig beweegt heeft minder prikkels voor botaanmaak en daardoor wordt er meer afgebroken dan er aangemaakt wordt. Het resultaat laat zich voorspellen: botontkalking. Bisfosfonaten remmen de botafbraak, waardoor de balans hersteld wordt. Hiermee wordt de vervanging van het skelet wel op een laag pitje gezet. Het is beter om een continu proces van opbouw en afbraak in stand te houden, om kwetsbaarheid voor te zijn. Dat is niet anders dan preventief onderhoud aan auto of woning.

Het is wederom een voorbeeld van hoe de medische reflex werkt. De oplossing van een leefstijlprobleem (te weinig bewegen) wordt in pillen gezocht. Die pillen werken wel, maar hebben een vracht aan bijwerkingen; de bijsluiter van bisfosfonaten is een klein boekwerk.

Is er een prettigere therapie denkbaar dan iedere dag een gezonde maaltijd te nuttigen om daarna buiten een wandeling te maken in de zon? Lopen geeft je botten een extra belasting en dat is de beste prikkel om sterke botten te houden, beter dan welke pil dan ook.

Een laatste voorbeeld van de werking van de medische reflex: pijnklachten aan het bewegingsstelsel, aan spieren en gewrichten. De meest voorkomende klacht bij de huisarts is lagerugpijn. Hoe dat kan? Is onze rug dan zo slecht ontworpen? Nee, onze rug is gewoon niet gemaakt om de hele dag te zitten. Die rug is over miljoenen jaren door evolutionaire aanpassingen geschikt gemaakt voor ons oorspronkelijke beweegpatroon. We moeten onze zitdagen dus regelmatig onderbreken met korte beweegmomenten.

We hebben allemaal geleerd dat we rechtop moeten zitten. Onze rug in een hoek van 90 graden met onze bovenbenen. Een goedbedoeld advies van vroeger dat bij nader inzien geen goed advies blijkt te zijn. Moderne MRI-scans laten zien dat het veel beter is om onderuitgezakt in je stoel te hangen, omdat de krachten die op de onderste rugwervels uitgeoefend worden dan veel minder zijn.

Met het voorschrijven van pillen doet de dokter niets aan de onderliggende oorzaak van de pijnklachten. Hij schrijft ons geen beweging voor en zegt niet dat we eigenlijk beter onderuit kunnen zakken of langdurig zitten af en toe moeten onderbreken.

Toen Hans 64 was werd hij voor het eerst in zijn leven geopereerd. Na jarenlang de pijn in zijn knie te hebben onderdrukt kreeg hij nu een nieuwe knie. Onze knieën en heupen zijn niet gemaakt om een leven lang zware lijven mee te torsen. De gewrichten worden daardoor bovenmatig belast, waardoor de opgelopen schade groter wordt dan het lichaam zelf kan herstellen. Vooral wanneer je met dat zware lichaam de hele week achter een bureau zit en op zondagochtend plots door het park gaat draven. Als de pijnstillers niet meer werken zet de dokter er een stalen knie of heup voor ons in. Per jaar vervangen we in Nederland veertienduizend knieën en twintigduizend heupen. De verwachting is dat dat aantal snel zal stijgen en er over vijftien jaar meer dan honderdduizend kunstgewrichten per jaar geplaatst zullen worden.

Natuurlijk, soms staat een heup of knie in een verkeerde stand, of is het gewricht door een ongeval beschadigd geraakt. In die gevallen zijn knieën en heupen al vroeg versleten. Het is een zegen dat we dat tegenwoordig kunnen repareren. Stel dat je met een degelijke auto aan de kant van de weg staat omdat de oliepomp stuk is gegaan. Dan wil je ook dat de garage er een nieuwe in zet. Maar niemand zal bewust de motor afvullen met verkeerde olie opdat de oliepomp eerder kapotgaat. En dat is toch de vergelijking.

Overgewicht is niet anders. Om af te vallen zijn mensen bereid tot de meest ingrijpende medische behandelingen: maagbandjes, maagverkleiningen, liposuctie, afvalpillen. Een maagbandje werkt op de korte termijn heel goed. Het gevolg van zo'n bandje is namelijk dat mensen gaan braken als ze meer dan een paar happen achter elkaar nemen. Niet echt plezierig, maar wel effectief. Dat is dan ook de reden dat de verzekeraars het maagbandje vergoeden. Het werkt en mensen krijgen minder snel diabetes. Dat is een heel dure ziekte voor de verzekeraars, dus daarmee is het plaatsen van een maagbandje toch kosteneffectief. Maar het blijft opmerkelijk hoe men op deze wijze steeds weer het paard achter de wagen spant. Deze oplossing is wellicht passend voor een klein aantal patiënten die op geen andere manier geholpen kunnen worden, maar we moeten niet de helft van

Nederland die nu te dik is allemaal een operatie willen aandoen.

Ook het wegzuigen van overtollig vet met behulp van liposuctie is dweilen met de kraan open. Wellicht zie je er nadien beter uit, maar gezonder word je er niet van. Studies laten zien dat het wegzuigen van al het vet geen verbetering geeft van het risico op hart- en vaatziekten of diabetes. En als het eet- en beweegpatroon niet wordt aangepast is het eenvoudig een kwestie van tijd tot het vet weer terug is.

Ook niet echt plezierig zijn de moderne afvalpillen die ervoor zorgen dat vet uit ons voedsel niet wordt opgenomen. Het resultaat is dat je permanent aan een vettige diarree lijdt, maar je kunt wel nóg iets meer eten.

Omdat we ons voortdurend overeten hebben we nog een andere veelvoorkomende klacht: brandend maagzuur. In de meerderheid van de gevallen hangt dat samen met overgewicht. In de buikholte is geen plaats meer voor alle organen en de maag wordt omhooggeduwd door het middenrif tot in de borstholte. Dat is niet zo erg, ware het niet dat de afsluiting van de maag naar boven verloren is gegaan. Een grote portie vet eten is dan het laatste zetje om het maagzuur omhoog te stuwen in de slokdarm. In de slokdarm hoort echter geen maagzuur en het slijmvlies is daar ook niet tegen bestand, waardoor de typische brandende pijnklachten ontstaan. De medische reflex schrijft pillen voor.

In 1935 kwam het eerste medicijn tegen brandend maagzuur op de markt: Rennie, met de slogan: 'Brandend maagzuur? Wrijven helpt niet, Rennie wel.' Rennies zijn kalktabletten en kalk neutraliseert het zuur. Tegenwoordig zijn er krachtigere medicijnen op de markt die de aanmaak van het zuur zelf remmen. Bijna drie miljoen Nederlanders slikken deze maagzuurremmers dagelijks. De pillen helpen uitstekend. Daarom is het niet verbazingwekkend dat één op de drie 65-plussers deze medicijnen gebruikt. Maar... los van de kosten, die enkele honderden miljoenen euro's per jaar bedragen, dat maagzuur zit niet voor niets in onze maag. Het is een barrière voor schadelijke bacteriën die wij binnenkrijgen. Mensen die maagzuurremmers slikken hebben vaker maag-darminfecties, vooral wanneer zij al ouder en fragieler zijn. Allemaal redenen om dit probleem bij de basis aan te pakken in plaats van aan symptoombestrijding te doen en mensen levenslang pillen voor te schrijven.

Artsen proberen hun patiënten zo goed mogelijk te helpen. Geneeskunde is een kunde en een kunst. Een dokter moet niet te weinig doen maar doet ook snel te veel. Het klassieke devies voor artsen is daarom: *Primum non nocere* (ten eerste geen kwaad doen). Dat betekent in de praktijk dat artsen conservatief te werk moeten gaan, en dat heeft niets met politiek van doen. Het is gewoon heel moeilijk voor een dokter om bij een individuele patiënt de balans van werking en bijwerking van elk medicijn en ingreep van tevoren precies in te schatten. De nadelen komen nu eenmaal vaak onverwacht naar voren, of pas veel later.

Zo proberen we nu met man en macht het gebruik van antibiotica in te dammen. De werking van de middelen wordt overschat, de patiënt heeft kans op een tweede infectie die soms zelfs fataal kan zijn, en iedereen krijgt in toenemende mate te maken met bacteriën die ongevoelig zijn geworden voor antibiotica door het vele gebruik ervan. Daarom moeten we de enkele patiënt geen kwaad doen door hem antibiotica te onthouden wanneer het nodig is, maar voorkomen dat er later kwaad geschiedt door het velen onterecht voor te schrijven.

Door pillen voor te schrijven wordt de suggestie gewekt

dat het probleem van de patiënt het probleem van de dokter is geworden en, in het verlengde daarvan, dat de dokter diens problematische leefstijl zal oplossen. Soms helpt een dokter patiënten zelfs van de wal in de sloot. Hans kreeg niet alleen geen beweging voorgeschreven, de dokter adviseerde hem op een gegeven moment ook een scootmobiel, omdat hij met zijn etalagebenen niet meer zo makkelijk naar de stad kon lopen. Dit leek een goede oplossing voor Hans. Zo bleef hij in elk geval in staat om de dingen te doen die hij belangrijk vond. Maar het had ook een belangrijk neveneffect: de weinige beweging die hij nog had, werd hem ontnomen. En dat is iets wat niet alle artsen zich realiseren: dat hulpmiddelen ook kunnen invalideren.

Voor iemand die minder goed ter been raakt, is het heel belangrijk om te blijven trainen, te blijven oefenen. Door iemand een traplift te geven ontneem je hem zijn dagelijkse fitness. Zo kan een traplift ervoor zorgen dat iemand veel eerder in een rolstoel komt, omdat hij helemaal uit training gaat. En dat terwijl er alternatieven zijn. *Easysteppers* zijn eenvoudige houten blokken die half zo hoog en half zo breed zijn als een traptrede. Door deze aan één kant van de trap te monteren, krijg je een extra set treden en kun je met halve stapjes omhoog. Hiermee kunnen mensen die anders een traplift zouden krijgen vaak nog jarenlang uit de voeten.

Wij beseffen te weinig dat technische innovaties die functies van ons overnemen heel goed kunnen werken, maar ook onverwachte en ongewenste nevenwerkingen met zich meebrengen. Sinds we de rekenmachine op zak hebben kunnen we minder goed hoofdrekenen. Sinds we ons laten leiden door de autonavigatie kunnen we zelf minder goed de weg vinden. Enkel wanneer een elektrische fiets ons een autorit bespaart hebben we gezond gedrag vertoond. Nemen we de elektrische fiets in plaats van onze gewone fiets dan weerhoudt hij ons er vooral van om echt goed te bewegen. Je moet gewoon een natte rug krijgen om gezond te blijven.

Het lijkt allemaal zo simpel. Maar waarom lukt het velen van ons dan toch niet om zich een gezonde leefstijl aan te meten en gezonder oud te worden?

Waarom het niet onze schuld is dat wij te dik zijn, te veel eten en onvoldoende bewegen. We hebben een vrije wil, maar in hoeverre worden onze onbewuste keuzes gestuurd door ons evolutionaire verleden en onze huidige fysieke en sociale omgeving?

3

OORSPRONKELIJKE GENEN IN EEN MODERNE OMGEVING

DRIFTEN EN LUSTEN

Zoals Kwaku leeft op het platteland van Ghana, zo hebben mensen al tienduizenden jaren voor ons geleefd. Daarmee bedoelen we: in een omgeving waar voedsel schaars is en zelf bewegen de enige manier is om je te verplaatsen. Ons lichaam is geëvolueerd om in die omgeving optimaal te kunnen functioneren. Als gevolg van die schaarste is het lichaam zodanig ingesteld dat je net iets meer eet dan je direct nodig hebt, waardoor je in vetweefsel een reserve kunt opbouwen. Je weet immers nooit of er morgen wel iets te eten is.

Onze evolutionaire erfenis verklaart waarom ons lichaam is gebouwd zoals het is gebouwd, en functioneert zoals het functioneert. Het verklaart ook waarom wij zoet zo lekker vinden. Tijdens onze evolutionaire ontwikkeling over duizenden generaties waren mensen die met zoetreceptoren en pleziercentra in het brein waren uitgerust in het voordeel. Zij aten meer zoete, dus calorierijke producten, hadden daardoor meer reserves en betere kansen om te overleven tijdens perioden van schaarste. Hongersnood kwam regelmatig voor maar kon slecht worden voorspeld. Wij zijn de nazaten van deze overlevers. Daarom vinden wij zoet eten nog steeds lekker en wil ons lichaam het liefst iedere dag gebak. Onze zucht naar vet is zo'n zelfde evolutionaire erfenis.

Ons lichaam is niet alleen ontwikkeld om zo veel mogelijk calorieën binnen te halen, het is ook geëvolueerd om heel zuinig en efficiënt met deze met moeite verkregen bronnen om te gaan. Ons lichaam wil geen energie verbruiken als dat niet strikt noodzakelijk is. Mensen die in ons evolutionaire verleden niet zuinig waren met hun energie waren tijdens de schaarste slechter af. Wij zijn dus ook de nakomelingen van mensen die als geen ander zuinig met energie wisten om te gaan. Daarom zitten we liever dan dat we staan: zitten kost minder energie. Dat 'vermoeide' vervelende gevoel dat je krijgt wanneer je een tijdje staat is een signaal van je lichaam. Een signaal dat zegt: je bent veel calorieën aan het verbruiken. Een beetje alsof je een sms van je provider krijgt die aangeeft dat je bijna door je bellimiet heen bent. Ons lichaam wil eigenlijk het liefst iedere avond op de bank zitten. Ook rusten was vroeger gezond gedrag omdat je de rest van de tijd toch voortdurend in beweging was.

Tienduizenden jaren was ons lichaam uitstekend toegerust om te functioneren in de omgeving waar we jaagden, verzamelden en later ook landbouw bedreven en vee hielden. Maar de afgelopen honderd jaar is onze leefomgeving in het Westen radicaal veranderd: van een plek waar iedereen constant in de weer was om voldoende voedsel binnen te krijgen naar een omgeving waar we altijd meer dan voldoende calorieën binnen handbereik hebben. Ons lichaam, dat door evolutie over talloze generaties is afgesteld op onze oorspronkelijke omgeving, heeft zich nog niet kunnen aanpassen aan de nieuwe omstandigheden en ons lange leven. Het gevolg: de helft van Nederland is te dik, 40 procent haalt de norm voor gezond bewegen niet, het aantal diabetespatiënten blijft groeien en hart- en vaatziekten en kanker behoren tot de voornaamste doodsoorzaken.

Dat wij te dik zijn, te veel eten en onvoldoende bewegen is niet onze eigen schuld. Ons lichaam is daarvoor ontworpen. Het zit in onze genen, het zit in ons ontwerp, in ons bouwplan. Wij zijn 'geprogrammeerd' voor schaarste, niet voor overvloed.

De volgende voorbeelden illustreren dat fraai. Beschouw ze als een demonstratie, een moderne anatomische les. We tonen u het menselijk lichaam niet in zijn volmaaktheid als wonder van de schepping. Nee, wij tonen het u in zijn huidige imperfectie, in zijn vreselijke onaangepastheid aan onze moderne omgeving.

Blikt u eens vooruit op uw verjaardag en stelt u zich voor dat u een overdadige aardbeientaart koopt om die te vieren, met familie, vrienden of collega's. Ziet u de taart voor u? Stelt u zich dan eens voor dat u er een grote hap van neemt. Beeldt u zich de smaak in van de zoete aardbeien, de slagroom, de luchtige cake met vanille, de verse room.

Loopt het water u al in de mond? Dat is het gevolg van de stroompjes naar de pleziercentra in uw hoofd. Het zijn uw aloude genen die daarvoor zorg dragen. Zij laten u beleven dat dit stuk taart een heel gezonde keuze is: 'oergezond'. U wilt immers overleven.

Een tweede voorbeeld is de situatie die wij dagelijks aantreffen op treinstation Leiden Centraal. Wie vanuit de stationshal het perron wil bereiken, kan kiezen tussen de roltrap en de 'gewone' trap. Wat blijkt? De trap is vrijwel altijd verlaten en mensen staan in de rij voor de roltrap.

Waarom vertonen mensen dit gedrag? Iedereen weet toch

dat wij te weinig bewegen en dat het gezonder is om af en toe de trap te nemen? Maar het voelt minder lekker om de trap te nemen, het kost energie, je wordt er een beetje moe van. Het lichaam wil efficiënt met zijn energie omgaan en stuurt u naar de roltrap.

En het lichaam heeft geen ongelijk. De aardbeiencake en roltrap zijn gezonde keuzes in onze *oorspronkelijke* omgeving. In onze *moderne* omgeving zijn het ongezonde keuzes.

Een laatste voorbeeld is het fenomeen 'olifantenpaadje'. Dit is een onofficieel paadje door het gras, gecreëerd door voetgangers of fietsers om een klein stukje van hun route af te snijden. Engelstaligen spreken van een *desire path*, je lichaam verlangt ernaar om dat pad te nemen. Je kunt de moderne mens wel een net pak aantrekken en een aktetas geven, maar diep vanbinnen blijft ons lichaam dat van een jager op de savanne – al zou je dat niet bij iedereen op het eerste gezicht zeggen.

De savannejager moet efficiënt zijn. Mensen zijn daarin niet uniek. Biologen hebben voor allerlei roofdieren uitgerekend hoeveel procent van de achtervolgingen op de savanne succesvol moet zijn om te kunnen overleven. Wie meer energie uitgeeft bij de jacht dan hij binnenkrijgt, haalt het uiteindelijk niet.

Dat mensen diep vanbinnen zo zijn 'ingeregeld' kun je zien omdat dit gedrag universeel is. Mensen zien er allemaal verschillend uit maar in veel gedragingen zijn we overal ter wereld hetzelfde. Omdat we eenzelfde evolutionaire geschiedenis hebben, omdat we allemaal geëvolueerd zijn in een omgeving met schaarste. Een bewijs voor deze stelling wordt geleverd door mensen die op websites olifantenpaadjes uit Google Earth verzamelen. Ze vinden ze overal.

Wanneer die oude genen niet meer passen in onze moderne

omgeving, spreken biologen van een *mismatch*. Die mismatch is er niet alleen met betrekking tot voeding en bewegen. Ons lichaam is eraan gewend dat we anderen om ons heen hebben. Om samen te kunnen overleven, voor genegenheid, en voor voortplanting. We zijn gemaakt voor sociale contacten, en niet voor het individualistische leven in de stad. Ons lichaam is ook geoptimaliseerd om perioden van hevige stress te weerstaan – een leeuw! –, gevolgd door perioden van ontspanning. Veel minder voor de chronische spanning van de huidige 24 uursmaatschappij. En, ons lichaam is gewend om te slapen als het donker is. Niet aan urenlange prikkels in de avond omdat we tegenwoordig onbegrensd toegang hebben tot kunstlicht.

Kortom: het bouwplan van ons lichaam, onze genen, komt voort uit een stenen tijdperk en daarom zijn we niet optimaal toegerust om in de huidige omgeving oud te worden.

HET BREIN ALS TOESCHOUWER

Maar ik maak toch mijn eigen keuzes, zult u zeggen, ik heb toch een vrije wil? Ik kies toch zelf of ik de trap of de roltrap neem en of ik een stuk taart eet of een appel?

U heeft een vrije wil. U kiest zelf. Maar die keuze is niet onafhankelijk van de omgeving. De wereld waarin u leeft en de mensen met wie u zich omringt zijn ook van belang. Sterker nog, uw keuzes worden misschien wel meer door de omgeving en anderen gestuurd dan we vermoeden, denken of zouden willen.

Onlangs vloog ik – David – naar Boedapest en kreeg onderweg te eten. Een fors uitgevallen stewardess zette een dienblad voor mij neer. Een man op de stoel achter mij vroeg zich net iets te luid af sinds wanneer er boerinnen in de bediening werkten. De stewardess diende hem adequaat van repliek: 'Sinds wij vee vervoeren, meneer.' En de stewardess had een punt: zij mocht dan fors uitgevallen zijn, ook de reizigers worden steeds dikker. Veel luchtvaartmaatschappijen hebben beleid moeten maken voor mensen die zo dik zijn dat ze niet op één stoel kunnen zitten.

Een kwart van het plateau dat de stewardess voor mij had neergezet werd ingenomen door het dessert. Het was heerlijk: de zoete chocolademousse prikkelde de suikerreceptoren op mijn tong en veroorzaakte bijna kortsluiting in mijn hoofd. Niet heel veel later betrapte ik mezelf erop dat ik met mijn lepeltje de laatste restjes van de chocolademousse uit de randjes en hoekjes van het bakje schraapte. Wie bepaalt er nu hoeveel ik van deze mousse eet? Ikzelf? Nee. De luchtvaartmaatschappij bepaalt dat. Zij kiezen niet alleen wannéér ik eet, en wát ik eet maar ook hoevéél ik eet. Als er 10 procent minder mousse in het bakje had gezeten dan had ik 10 procent minder mousse gegeten. Hadden ze er 10 procent meer in gedaan, dan had ik 10 procent meer gegeten.

In het vliegtuig kiezen we niet zelf wat we eten, maar in het dagelijks leven natuurlijk wel, als we eten kopen in de supermarkt. Of toch niet helemaal? Supermarkten schakelen gedragswetenschappers in om uit te vinden hoe mensen keuzes maken en hoe ze die kunnen beïnvloeden, bijvoorbeeld door de producten op een andere manier aan te bieden. A-merken betalen om op ooghoogte in de supermarkt geëtaleerd te worden, omdat er van blikjes op die hoogte meer verkocht worden dan wanneer dezelfde blikjes op kniehoogte staan.

Er zijn instituten die als enige opdracht hebben om het gedrag van mensen in supermarkten te bestuderen. Ze hebben hele schappen nagebouwd in laboratoria en registreren zelfs de oogbewegingen van mensen. Door de opstelling van de producten op basis van de resultaten van dat onderzoek te variëren kunnen ze de keuzes van mensen beïnvloeden. Omdat supermarkteigenaren weten dat veel mensen in Nederland iedere dag melk drinken wordt bij het melkschap een tafel neergezet. De supermarktmedewerkers noemen die tafel de 'impulstafel'. Producten die de supermarkt moet verkopen, bijvoorbeeld omdat ze bijna over de houdbaarheidsdatum zijn, worden aangeboden op de impulstafel. Vrije keuze? We vallen er massaal voor.

Er zijn veel varianten van de impulstafel. Een bekend en berucht voorbeeld is de uitstalling van chocolarepen bij de kassa. Als u daar een reepje koopt, is dat dan uw eigen keuze? Je zou zeggen van wel. U kiest immers of u dat reepje koopt of niet. Maar gedragswetenschappers hebben ontdekt dat hetzelfde reepje veel vaker verkocht wordt bij de kassa dan wanneer het in een gewoon schap ligt. We hoeven daarvoor niet eens een hap te nemen om de pleziercentra in onze hersenen te prikkelen. Wanneer we langere tijd aan de aanblik van chocoladerepen worden blootgesteld, is dat al voldoende om ons tot een aankoop te laten besluiten. Daarom vinden winkeliers het niet erg dat u moet wachten bij de kassa. In die rij heeft de supermarkt een *captive audience*, zoals marketingwetenschappers dat noemen, een publiek dat niet kan ontsnappen. Het is de perfecte plek om producten uit te stallen die een langere prikkel nodig hebben om de koper tot aankoop te overtuigen. Op deze manier kan de supermarkt de eigen keuzes van mensen een duw in de door hen gewenste richting geven. *Nudgen* noemen wetenschappers dat.

Als wij een kamer binnenlopen waar tafels en stoelen staan, dan gaan we direct zitten. Maar op een receptie gaan we in groepjes bij elkaar staan. In beide gevallen is de keuze om te gaan zitten of staan niet bewust gemaakt.

Vooral hoogopgeleide mensen verzetten zich tegen de gedachte dat hun beslissingen door de omstandigheden gestuurd worden. Zij hechten aan een zelfbeeld van een mens die weloverwogen eigen keuzes maakt en niet als een slaaf door impulsen en reflexen wordt gestuurd. Hun geloof in een vrije wil baseren hoogopgeleide mensen grotendeels op hun eigen ervaring. 'Ik kies er toch ook voor om niet iedere dag friet te eten? En daarom ben ik niet dik en de buurvrouw wel. Het is haar eigen keus.'

Hoogopgeleide mensen hebben gelijk, we maken allemaal eigen keuzes. Maar zij onderschatten het feit dat sommigen beter dan anderen in staat zijn om de prikkels te onderdrukken die ons lichaam beroeren. Zij die dat wél kunnen, hebben een gezondere leefstijl. Hun lichaam zit echter net zo in elkaar als dat van alle andere mensen. Ook bij hoogopgeleiden loopt het water in de mond als zij langs een patatkraam lopen en de frituurlucht ruiken. En ook hoogopgeleiden geven daar weleens aan toe.

De omgeving waarin wij leven beïnvloedt, stuurt onze keuzes. Maar zeker zo belangrijk is de beïnvloeding door de mensen met wie je je omringt, met wie je samenwoont, werkt, en met wie je je vrije tijd doorbrengt. Zij vormen namelijk een onlosmakelijk onderdeel van de omgeving waarin je leeft en beïnvloeden daarom jouw keuzes, je gezondheid, en hoe je veroudert. Heel veel studies hebben laten zien dat overgewicht 'besmettelijk' is. Het verspreidt zich onder vrienden. De een steekt de ander aan. Net zoals mensen met vrienden die verkouden zijn meer kans hebben om zelf verkouden te worden, lopen mensen die dikke vrienden hebben zelf meer kans om dik te worden. Die kans wordt op 50 procent extra geschat.

Dikke vrienden maken je dik. Dat geloven mensen vaak niet als ze het voor het eerst horen. 'Hoe werkt dat dan?' Stel dat je uit eten gaat met een vriendin met overgewicht. Die vriendin is te zwaar omdat ze een te positieve energiebalans heeft. Dat betekent dat ze meer eet dan ze verbrandt. Zij heeft de makke van een lichaam dat is afgestemd op een omgeving met schaarste. Het gaat in dit voorbeeld niet om de redenen waarom zij dik is geworden, behalve de constatering dat de balans tussen eten en verbranden bij haar niet hetzelfde staat afgesteld als bij een dun iemand. Als je met haar uit eten gaat eet ze meer dan jij normaal doet, en ze bestelt misschien nog een dessert. En wat doe jij? Jij doet mee, 'voor de gezelligheid', en bestelt ook een toetje.

Wanneer het tijd is om naar huis te gaan bestelt je vriendin een taxi. Een slanke vriendin zou je misschien vragen om mee naar huis te lopen, of vraagt bijvoorbeeld: 'Ga je morgenochtend mee tennissen?' Maar je dikke vriendin heeft door haar overgewicht last van haar knie en kan daarom niet naar huis lopen of tennissen. Jij besluit om met haar mee te rijden in de taxi. Op dit soort indirecte manieren maken dikke mensen andere mensen ook dik. Het werkt ook andersom: dunne mensen houden andere mensen dun. In *Oud worden zonder het te zijn* schreef ik – Rudi – al dat je voor een gezonde oude dag liefst moet zijn uitgerust met een goed gebouwd lijf. Dat ligt besloten in het erfelijk materiaal dat je van je ouders meekrijgt. Daar ligt ook de code voor je energiehuishouding. Die ouders moet je dus goed 'kiezen'. Dat kan niet. Maar je vrienden kun je wel kiezen, en dat beïnvloedt hoe je oud wordt.

De sociale omgeving heeft niet alleen een grote invloed op je gewicht, maar ook op andere aspecten van je leefstijl. Ook roken, geluk en zelfs eenzaamheid zijn besmettelijk. De meeste gegevens over het belang van *peer pressure,* groepsdruk, zijn bekend over het 'eigen' besluit om te gaan roken. Vast staat dat bij mensen die veel met rokers omgaan de kans groter is dat zij ook gaan roken. Daarnaast is het ook moeilijker om te stoppen als er veel mensen in je omgeving roken, zo weet iedereen die dat weleens heeft geprobeerd. Dat maakt ook dat het wel of niet krijgen van longkanker een familiaal trekje is. Niet omdat je erfelijk belast zou zijn, maar omdat je familie je 'leert' roken.

Voor het drinken van alcohol ligt de invloed van de sociale omgeving gecompliceerder. Óf je gaat drinken hangt af van het moment, de sociale omgeving. 'Het was zo gezellig.' Hoevéél je vervolgens drinkt is voor een groter deel erfelijk bepaald. De een stopt bij een of twee glazen, de ander heeft de neiging om door te gaan. Als je minder wilt drinken is het dus beter om minder vaak naar de kroeg te gaan dan om te proberen jezelf de regel op te leggen om niet meer dan een bepaald aantal drankjes per avond te nuttigen. Mensen die verslaafd waren weten dat. Als ze eenmaal van de drank af zijn is het eerste glas het gevaarlijkst; na het eerste volgen er meer.

Voor roken, drinken en ook voor eten geldt dat alleen het *zien* ervan al een voldoende aanzet kan zijn om dit zelf ook te gaan doen. Als er op televisie gedronken wordt schenken mensen thuis vaak ook iets in. Als er op televisie wordt gerookt is de kans groot dat de kijker thuis er ook één opsteekt.

Een laatste voorbeeld. Sociale contacten zijn heel belangrijk voor de hoeveelheid beweging die je krijgt. Niet alleen is het afhankelijk van je vrienden óf je een sport beoefent, maar ook wélke sport je beoefent. Kortom: veel keuzes lijken wel je eigen, bewuste keuzes, maar worden sterk beïnvloed door anderen. Meer dan je misschien zou willen.

Wij hebben een vrije wil. Maar bij veel van onze alledaagse, onbewuste keuzes, onze routine, worden we sterk beinvloed door fysieke en sociale prikkels in onze omgeving. Wanneer wij dat terdege beseffen, kunnen we bestuderen op welke wijze de omgeving ons ziekmakend gedrag oplegt en omgekeerd: hoe we de omgeving kunnen inzetten om ons tot gezond gedrag aan te zetten.

Hoe onze omgeving ons maakt tot wie we zijn.
Hoe wij lichamelijke activiteit hebben uitgebannen.
En hoe langdurig zitten, 'obesinudges' en
suikerwater ons ongezond oud maken.

4
OVERDAAD EN INACTIVITEIT

EEN HALFJAAR IN DE STATES

Onze omgeving maakt ons tot wie wij zijn. Als wij geboren waren op het platteland van Ghana was ons leven totaal anders gelopen. We zouden een andere taal spreken, andere scholing ondergaan, andere vrienden hebben en anders over dingen denken. We zouden onze dag anders doorbrengen, met minder eten en meer beweging, en meer sociale contacten. We zouden ons om andere dingen druk maken, wellicht minder stress ervaren en beter slapen. Eén ding is zeker: we zouden heel anders oud worden.

Dat er verschillen zijn tussen Ghana en Nederland is voor iedereen duidelijk. Veel minder bekend is dat er bínnen Nederland ook grote verschillen zijn. Een postcode vertelt veel meer over een persoon dan waar hij woont. Die voorspelt wat voor krant je leest, wat je opleidingsniveau is en hoe hoog je salaris is. Een postcode voorspelt ook hoe snel je oud wordt en op welke manier je veroudert. Als je Nederland opdeelt op basis van postcode, dan leef je in de gegoede buurten gemiddeld zeven jaar langer dan wanneer je postcode aangeeft dat je in een minder goede buurt woont. Bovendien leef je in een goede buurt ook nog eens gemiddeld negentien jaar langer in goede gezondheid. En dat terwijl Nederland een land is met relatief kleine verschillen in sociaaleconomische klasse. In andere landen zijn deze verschillen vaak veel meer uitgesproken. In Engeland leven mensen in de deftige wijk Kensington in Londen gemiddeld 84 jaar en mensen uit Glasgow 71 jaar. Binnen Glasgow zelf kunnen de verschillen in levensverwachting tussen de wijken oplopen tot meer dan 25 jaar! En dat omdat je op een andere plek woont, omdat je een andere leefomgeving hebt.

Afhankelijk van de plaats waar mensen wonen, verouderen ze sneller of langzamer dan leeftijdsgenoten. Ook de manier waarop ze verouderen loopt enorm uiteen. Dit geldt voor veel aandoeningen, waaronder een groot aantal waar je in eerste instantie niet aan zou denken. Sommige vormen van kanker bijvoorbeeld komen in bepaalde landen veel vaker voor dan in andere. Een mogelijke verklaring zou kunnen zijn dat de mensen in die landen een andere erfelijke opmaak hebben. Dat zou een deel van de verschillen kunnen verklaren. Maar het is ook bekend dat mensen in de meeste gevallen het risico aannemen van het land waar ze naartoe verhuisd zijn. Ze ontwikkelen dan dezelfde lichamelijke klachten als de oorspronkelijke bewoners van het land. Door een emigratie is het erfelijk materiaal er niet anders op geworden maar de omgeving wel, en dat verklaart waarom de verschillen in risico zijn opgetreden.

Een voorbeeld: het is opmerkelijk dat in Nederland zoveel vrouwen borstkanker ontwikkelen, terwijl dit in Afrika en Azië veel minder voorkomt. Maar als vrouwen uit Afrika of Azië naar Nederland verhuizen stijgt hun risico op borstkanker. Dat risico zit vast aan de plek, aan Nederland. Hoe zou je zoiets kunnen verklaren? Bekende factoren die het risico op borstkanker verhogen zijn het gebruik van de anticonceptiepil, een hoge leeftijd bij de eerste zwangerschap, een korte periode van borstvoeding, overmatig alcoholgebruik en weinig beweging. In Nederland is het pilgebruik hoog, zijn vrouwen relatief oud als ze kinderen krijgen, geven vrouwen kort borstvoeding, wordt er veel ingenomen en bewegen mensen te weinig.

Als mensen uit Afrika of Azië in Nederland komen wonen worden ze bewust en onbewust door onze omgeving beïnvloed en nemen ze onze leefstijl (deels) over. Eenmaal in Nederland geven immigrantenvrouwen ook korter borstvoeding dan ze in hun geboorteland gewend waren. De moeders hebben immers te maken met de Nederlandse verlofregeling, die één van de kortste van heel de Europese Unie is. Het gebruik van de pil is in Nederland een wijdverspreide en sociaal geaccepteerde manier van anticonceptie. De beïnvloeding gaat nog veel verder: de Nederlandse omgeving legt ook haar sociale normen op. Op welke leeftijd en hoeveel kinderen je krijgt, hangt sterk af van de algemene opvattingen over de 'normale' leeftijd om kinderen te krijgen, welke mogelijkheden er zijn om je als vrouw te scholen, je professioneel te ontwikkelen, te werken en de mogelijkheden die je als vrouw geboden worden om dat alles te combineren met het krijgen van kinderen.

Wat voor borstkanker geldt, geldt overigens ook voor maagkanker, diabetes en tal van andere ziekten. Veel meer dan het land van herkomst bepaalt het land waar je woont het risico op ziekte. De onderliggende mechanismen die dit risico bepalen zijn niet dezelfde voor de verschillende ziekten, maar zijn altijd veelzijdig en complex.

Zo ging een van onze collega's voor het uitvoeren van zijn

wetenschappelijk onderzoek voor zes maanden naar de Verenigde Staten. We hadden regelmatig contact via Skype om de voortgang van zijn studies te bespreken. Iedere week zagen we de jonge wetenschapper iets dikker worden. Na zes maanden kwam hij bijna tien kilo zwaarder uit de Verenigde Staten terug naar Nederland. Een hoogopgeleid mens, die de hele dag bewuste keuzes denkt te maken, had in de nieuwe omgeving een heel nieuw gedrag aangenomen. Reed hij in Nederland iedere dag in dertig minuten op de fiets naar zijn werk en aan het eind van de dag weer terug, in de Verenigde Staten was zijn omgeving helemaal ingericht op het gebruik van een auto. Hij lunchte in de kantine, waar de cultuur anders was dan in Nederland. In de States at men tussen de middag geen boterhammetjes maar warm eten, en dat in enorme porties.

Het mag lijken dat onze levens er de afgelopen honderd jaar een stuk comfortabeler op zijn geworden, de levensverwachting is verdubbeld. Dat laat onverlet dat ons lichaam en ons brein niet zijn aangepast aan de omgeving waarin we nu leven, en dat geldt ook voor ons huidige bewegingspatroon, onze voeding, en bovendien voor stress, slaap en sociale contacten. Dat maakt dat we ongezond oud worden.

DE WERELD VAN INACTIVITEIT

Vandaag de dag kan een boer door het gebruik van grote landbouwmachines tientallen akkers bewerken en zo het voedsel voor duizenden mensen verbouwen. Nog maar weinig mensen in Nederland verrichten zelf lichamelijke arbeid om aan hun dagelijkse kost te komen. Niet alleen de landbouw, ook andere bedrijfstakken zijn in de loop van de tijd sterk gemechaniseerd. Zelfs het werken in de bouw, van oorsprong zwaar lichamelijk werk, vraagt steeds minder inspanning. Graafmachines graven, molens mixen het beton. Niemand zaagt nog met de hand, er wordt getimmerd met pneumatische hamers. Er is nu een machine om wegen mee te bestraten die, terwijl het reusachtige apparaat langzaam voortrijdt, de klinkers als een tapijt uitlegt. Het vak van stratenmaker is totaal anders geworden. Hij bedient nu de vorkheftruc waarmee de machine van stenen wordt voorzien. We wonen in een land waar de meeste mensen zich op hun werk nog maar heel beperkt lichamelijk inspannen. Voor bijna de helft van de Nederlandse beroepsbevolking geldt dat zij bijna uitsluitend zittend werk verrichten.

Ook privé is bijna alle lichamelijke arbeid ons uit handen genomen. We hebben treinen, auto's en bussen ontwikkeld, en spoorwegen en luchthavens aangelegd om ons en onze spullen te laten vervoeren. We hebben onze huizen, winkels en hotels naar onze hand gezet met liften, roltrappen en loopbanden, de laatste zelfs ook om mensen horizontaal te kunnen vervoeren. In plaats van op maandag een hele wasdag in te moeten plannen, laten we wasmachines, stofzuigers en vaatwassers het handwerk van ons overnemen. In de keuken hebben we mixers en elektrische broodmessen, zelfs elektrische blikopeners. We hoeven voor we gaan koken geen drinkwater of brandhout meer te halen. Gas en water worden in pijpen tot in onze keuken afgeleverd. Dit overnemen van lichamelijke functies kent geen grenzen: zo is er inmiddels zelfs een elektrische pepermolen beschikbaar. Als je een knop bovenop indrukt gaat er een motortje draaien en valt de gemalen peper op het bord.

Maar… lichaamsbeweging houdt je langer gezond. Wie minder beweegt krijgt eerder ouderdomsklachten: slappe spieren, slappe botten, overgewicht, gewrichtsklachten, diabetes, hart- en vaatziekten en een grotere kans op dementie. Ook voor borstkanker en dikkedarmkanker geldt dat mensen die minder lichamelijk actief zijn een hoger risico lopen.

Wat is het beweegpatroon dat goed is voor ons lichaam? Hippocrates predikte al meer dan tweeduizend jaar geleden dat wandelen het beste medicijn is.

Lange tijd dacht men: hoe meer beweging, hoe gezonder. Olympisch roeien werd gezien als het toppunt van gezond bewegen. Je gebruikt alle spieren van het lichaam en moet als een beest tekeergaan. Later werd bekend dat voor je gezondheid een halfuur per dag wandelen al voldoende is, dan is de meeste winst al binnen. Dat is nu dan ook het officiële advies. De Nederlandse Norm Gezond Bewegen stelt dat we ons vijf dagen per week dertig minuten matig intensief moeten inspannen. 'Matig intensief' betekent zoiets als stevig doorwandelen. Dat zou betekenen dat je drieëntwintig en een half uur per dag mag luieren, en in het weekend vierentwintig uur per dag. Dat klinkt niet als een onmogelijke opgave. Toch haalt 40 procent van de Nederlanders deze norm niet.

En dan is die norm ook nog eens aan herziening toe. De hele dag zitten en dan 's avonds een halfuur wandelen is niet voldoende. Dat betekent niet we nu iedere avond een halfuur hard in plaats van matig intensief moeten lopen. Niet dat halve uur inspanning is aan herziening toe maar die overige drieëntwintig en een half uur, die moeten we anders gaan indelen. We moeten minder zitten.

De afgelopen jaren is bekend geworden dat je een grote gezondheidswinst kunt bereiken door minder te zitten en in plaats daarvan te gaan staan. Het eerste onderzoek over de negatieve gevolgen van zitten stamt al uit 1953. De studie vond plaats in de rode dubbeldekkers in Londen. De gezondheidstoestand van buschauffeurs, die de hele dag op hun stoel zaten, werd vergeleken met de gezondheid van hun collega's die stonden, omdat ze in de bus van reiziger naar reiziger liepen en de kaartjes controleerden. Wat bleek? Hoewel de chauffeurs en controleurs aan het begin van hun loopbaan een vergelijkbare sociaaleconomische achtergrond en gezondheid hadden, bleken de controleurs gezonder oud te worden. Het risico op hart- en vaatziekten lag voor hen lager dan voor de chauffeurs.

Inmiddels is er een vracht aan studies die het verband tussen zitten, ziekte en vroegtijdige sterfte bevestigen. Zitten is het nieuwe roken. Er moet nog veel onderzoek worden gedaan naar hoe lang je 'mag' zitten en hoeveel je 'moet' staan. De juiste dosering en ook de beste momenten waarop je moet bewegen zijn nog onvoldoende bekend. De beste inschatting nu is dat de gezondheidswinst door regelmatig te staan even groot is als de gezondheid die je wint door drie avonden in de week naar de sportschool te gaan. Staand werken is vermoeiend, en dat is ook juist de bedoeling. Het is een extreme vorm van duursport, laagintensief en langdurend. Het energieverbruik van staan is ongeveer twee keer zo hoog als dat van zitten. Wetenschappers hebben berekend dat als je op je werk zitten afwisselt met staan, je in een jaar net zoveel calorieën verbrandt als wanneer je tien marathons zou lopen. Kortom, van staand werken val je af, je krijgt er sterke spieren en botten van, de kans op diabetes daalt, en het voorkomt lagerugpijn. Dit is goed nieuws voor mensen die een hekel hebben aan sporten.

Er is ook goed nieuws voor mensen die wél graag sporten. Ook al is het effect van staan ongeveer net zo groot als dat van sporten, het combineren van beide is het allerbeste. Maar alleen naar de sportschool gaan om de negatieve effecten van een hele dag zitten weg te zweten… die vlieger gaat niet op. Met alleen sporten in de vrije tijd is het zitten op het werk niet te compenseren.

Inmiddels zijn we in Nederland wel Europees kampioen zitten geworden. We oefenen vaak en langdurig. Een kwart van de Nederlanders zit meer dan acht uur per dag. In heel Europa zit slechts 11 procent van de bevolking zo lang. Aardig is dat we ook kampioen bewegen van Europa zijn omdat we zoveel fietsen. Daarom denken we dat we een gezonde levensstijl hebben, maar zoals gezegd kan fietsen de prijs van al dat zitten niet tenietdoen.

We nemen opnieuw Kwaku als voorbeeld. Kwaku gaat nooit naar de sportschool. Tegelijkertijd zit Kwaku maar heel af en toe. Kwaku is de hele dag in de weer. Hij werkt op het land, scharrelt op het erf, voert de kippen, repareert het dak van zijn hut en loopt naar de markt of naar een buurman. Híj is langdurig laagenergetisch in beweging. Dat lijkt voldoende om gezond oud te worden. Wíj proberen op de sportschool in zestig super-intensieve minuten goed te maken wat we de hele dag verzuimd hebben. Zo werkt het niet. Dat leidt hooguit tot blessures.

We hebben met veel inspanning een woon-, werk- en leefomgeving gecreëerd waar beweging vrijwel is uitgebannen. Tegenwoordig bouwen we fitnesszaaltjes waar mensen op lopende banden zich in het zweet rennen zonder een meter vooruit te komen.

EEN PARADE VAN OVERDAAD

Ons voedselaanbod is overdadiger, gevarieerder en ook nog eens lekkerder dan ooit tevoren. Supermarkten brengen duizenden verschillende producten vanuit de hele wereld binnen handbereik, die met vliegtuigen of containerschepen worden aangevoerd. Er liggen garnalen uit Thailand, wijn uit Zuid-Afrika en kiwi's uit Nieuw-Zeeland. Een oer-Hollandse avondmaaltijd kan tegenwoordig zomaar bestaan uit aardappels uit Spanje, peultjes uit Marokko en rundvlees uit Argentinië.

We hoeven niet meer op jacht voor ons eten. We hoeven er zelfs de deur niet meer voor uit als we daar geen zin in hebben. Vanaf de bank voor de televisie kunnen we online onze boodschappen bestellen uit een oneindig aanbod, en niet lang daarna worden die tot in de keuken bezorgd.

Niet alleen de supermarkten puilen uit van het eten. In veel steden is een wandeling door de binnenstad een ware parade van overdaad geworden. Winkelstraten zijn voor de helft gevuld met uitspanningen waar patat, shoarma, broodjes, hamburgers, falafel, pizza of ijs zijn uitgestald. Voor wie niet in de binnenstad woont, rijden er rond etenstijd brommertjes af en aan met spareribs, pizza's of afhaalmaaltijden van Chinese, Thaise, Mexicaanse, Vietnamese of Indische restaurants. Met een druk op de knop bestel je via internet of telefoon het gewenste product en binnen een kwartier staat er een jongen aan de deur met in zijn ene hand een helm en in de andere een warme maaltijd. Alleen het nuttigen van de maaltijd zult u zelf nog moeten doen.

We hebben een ongeëvenaarde voedselketen opgericht die miljarden mensen kan bedienen. Er is mondiaal een voedseloverschot, een derde van al het voedsel dat we produceren gaat verloren voor het is klaargemaakt, of gaat daarna direct de vuilnisbak in. Een overschot aan voedsel maakt dat er competitie ontstaat tussen fabrikanten die hun marktaandeel proberen te bestendigen of te vergroten. In dat gevecht wordt niets aan het toeval overgelaten. Er worden producten gemaakt die ons verleiden. Fabrikanten gebruiken de oorspronkelijke afstelling van ons lijf, onze geneugten en onze driften om hun zoete, zoute en vette producten te slijten. Fabrikanten van frisdrank verkopen jaarlijks miljarden eenheden ingeblikt suikerwater, en dat lukt enkel en alleen omdat het drinken van suiker kortsluiting in ons hoofd veroorzaakt. Allemaal hebben ze een marketingafdeling met gedragswetenschappers in dienst om ons steeds weer te kunnen verleiden de impulsen van ons lichaam en hersenen te volgen – en te voorkomen dat we gezonde keuzes gaan maken. Ze investeren gigantische bedragen in popsterren en olympiades om ons, met erotiek en spelen als lokkertje, onbewust te stimuleren om meer cola te drinken. De fabrikanten distribueren speciale automaten waaruit vierentwintig uur per dag, zeven dagen per week gekoelde blikjes met frisdrank kunnen worden gehaald, ook op scholen, sportvelden en in openbare gebouwen. Waar vroeger drinkwaterkraantjes waren, staan nu frisdrankautomaten.

In de Verenigde Staten wordt precies bijgehouden hoe de frisdrankindustrie ons beïnvloedt. Alleen al in dat land geeft de frisdrankindustrie 3,2 miljard dollar per jaar uit aan marketing en reclame, waarvan een half miljard specifiek gericht is op kinderen en tieners van twee tot zeventien. In 2010 zagen kinderen in de Verenigde Staten per dag gemiddeld meer dan tweehonderd reclames van frisdranken. Pubers kregen er dagelijks zelfs meer dan vierhonderd voorgeschoteld via internet, sociale media en televisie. In Nederland wordt per jaar 'maar' 40 miljoen euro uitgegeven aan reclame speciaal gericht op kinderen. 70 procent van de reclamezendtijd rondom kinderprogramma's gaat over snoep, tussendoortjes en frisdrank.

Geen wapen blijft ongebruikt. De industrie doet zelfs een beroep op wetenschappelijk onderzoek. Er is echter een maar: de resultaten gebruiken ze om hun producten in een gunstig daglicht te zetten. Uit een recente inventarisatie blijkt dat studies die betaald werden door de industrie, vier tot acht keer vaker positieve conclusies trekken ten faveure van de industriële producten dan onafhankelijke studies.

Veel fastfoodketens hebben wetenschappers in dienst die onderzoeken hoe je mensen nog meer producten kunt laten kopen, nog meer calorieën kunt laten eten. Daarvoor worden de nieuwste technische snufjes gebruikt. Zo worden er speciaal voor dat doel ontwikkelde smaakstoffen in de producten verwerkt. Ook worden klanten bij de ingang met ongewone geurstoffen verleid. Natuurlijk is onderzocht hoe de achtergrondmuziek ons eetgedrag beïnvloedt, maar ook de kleur van het meubilair waarop we zitten, de verlichting, de prijsstelling, de samenstelling van de menu's. Aan de hamburgers wordt nog wat extra rooksmaak toegevoegd en er worden combinatiekortingen gegeven, en dat alles met hulp van medewerkers die speciaal daarop gerichte trainingen hebben doorlopen en zorgvuldig ontwikkelde en getoetste protocollen volgen.

Wat moet je mensen vragen om te zorgen dat ze meer eten? Hoe je mensen moet verleiden is nauwkeurig geëvalueerd tot was uitgevonden met welke vragen je de meeste producten verkocht. 'Wilt u voor een euro extra een cola erbij?' 'Wilt u een grotere friet voor tachtig cent extra?' 'Wilt u saus bij de friet?' 'Kaas of bacon op uw hamburger?'

Als je deze redenatie volgt is het niet zo verbazend dat onderzoek heeft laten zien dat het aantal mensen met overgewicht direct gerelateerd is aan het aantal fastfoodrestaurants in hun wijk. Ook als je rekening houdt met alle andere factoren blijkt dat hoe dik je bent voor een belangrijk deel bepaald wordt door de afstand van je woning tot een fastfoodrestaurant.

In Nederland is een op de zeven jongeren te dik. In 1980 was dat nog een op de twintig. In lagere-inkomensgroepen komen dikke kinderen bijna twee keer zo vaak voor als bij de hoogste inkomensklassen. In Zuid-Europa is de situatie overigens nog erger: hier is één op de drie kinderen te dik. Nederlandse kinderen zijn wel weer koplopers als het gaat om de hoeveelheid 'fris' die zij per dag drinken. Ruim een halve liter per dag, dat zijn ongeveer 15 klontjes suiker.

Waarom zit er eigenlijk 330 ml in die blikjes, waarom geen 200 ml, dat de inhoud is van een gemiddeld drinkglas? Omdat de industrie in het laatste geval minder frisdrank verkoopt. Hoe groter de verpakkingen in de winkel, hoe meer mensen van een product consumeren. Bedrijven willen meer verkopen en dus worden de verpakkingen steeds groter. Zo simpel is dat. Cola is in 1886 begonnen als medicijn. Het werd destijds alleen in een apotheek verkocht, per glas. De apotheker verkocht in die periode negen glazen per dag. In 1916 ontstond het eerste colaflesje met het bekende ontwerp. De inhoud: 196 ml. In 1957 werd de familiefles geïntroduceerd: 750 ml. Als je tegenwoordig een flesje cola op het station koopt, krijg je een flesje van 500 ml en er zijn familieflessen die twee liter bevatten. En dan zijn er zelfs landen waar flessen van drie liter verkocht worden. Mexico is niet alleen het land met de dikste mensen ter wereld, het is ook het land waar ze de grootste colaflessen hebben en waar de meeste cola wordt gedronken: jaarlijks gemiddeld 225 liter per persoon.

De geschatte verkoop van Coca-Cola is nu bijna twee miljard glazen per dag. Zelfs in afgelegen gebieden waar geen medicijnen te krijgen zijn, is vrijwel altijd Coca-Cola te koop. Er zijn zelfs ontwikkelingsorganisaties die het distributienetwerk van Coca-Cola gebruiken om condooms of malariatesten tot ver in de jungle te kunnen bezorgen. Het zegt iets over de organisatiegraad van een fabrikant en een maatschappij wanneer de bezorging van frisdrank beter is geregeld dan de bezorging van levensreddende geneesmiddelen.

De grootte van de verpakking – met andere woorden de industrie – bepaalt hoeveel we ergens van eten. Een onderzoek naar het effect van de verpakking van spaghetti liet zien dat een verdubbeling van de verpakkingsgrootte leidde tot 25 procent meer inname.

Dag in dag uit worden wij door onze omgeving aangezet om meer te eten dan we eigenlijk zouden willen. Die prikkels dopen wij hier *obesinudges*. Nudgen is het doelbewust beïnvloeden van de keuzes van mensen zonder dat ze het zelf in de gaten hebben. Ik – David – heb een tijdje alle obesinudges die ik op een dag tegenkwam bijgehouden, alle subtiele manipulaties die mij onbewust dikker laten worden. Ik telde alle calorieën die mij werden aangeboden of opgedrongen zonder dat ik dat gepland had, ernaar op zoek ging of erom gevraagd had.

Een willekeurige maar illustratieve dag was 31 maart 2015. 's Ochtends vertrok ik van mijn huis in Den Haag naar het station. Op het station deelden mensen van Nutricia een proefglaasje van het nieuwe drinkontbijt en een reep nieuwe ontbijtkoek uit. Samen goed voor de eerste 110 obesinudgekilocalorieën van die dag. Ik was iets te vroeg op het station en liep nog even langs de NS-balie om iets te vragen over mijn OV-chipknip. Op de balie stond een schaaltje paaseitjes, ik nam er één. En voor ik weg ging nog één. Toen ik bij de kiosk een kop koffie kocht wees de medewerker me op de actie 'Gratis gevulde koek bij een kop koffie'. De koeken stonden uitgestald op de balie en roken heerlijk. Ik nam er een. Ik had die dag een afspraak met een collega op het gemeentehuis. We spraken af in de koffiekamer en ik kreeg koffie aangeboden, met een koekje. En later nog een tweede kop, en een tweede koekje. Aan het eind van de middag ging ik naar de afsluitende bijeenkomst van een onderwijsprogramma waaraan ik had meegewerkt. Er werd mij een glas wijn aangeboden en ik grabbelde wat in de schaaltjes gemengde nootjes die op de receptietafels waren uitgestald. Even later werd mijn glas wijn bijgeschonken. Ik stak nog een paar kaaskoekjes in mijn mond en ging terug naar Den Haag.

Voor ik naar huis ging fietste ik langs de Albert Heijn. Ik was van plan om brood, kaas, yoghurt en eieren te kopen. Bij het brood stond een schaal met suikerbrood in stukjes. Ik nam een stukje, en nog een stukje, en liep daarna verder naar de yoghurt. De roomyoghurt met maracuja, die ik zo lekker vind, bleek in de aanbieding: 'Twee voor de prijs van één.' Ik nam een besluit en pakte twee bekers. Bij de kaas stal ik nog twee blokjes geitenkaas die op een schaaltje lagen uitgestald en ik liep door naar de kassa. Bij de kassa lagen tal van reepjes, maar ik wist mij te beheersen.

's Avonds ging ik uit eten met een vriend. Voor we besteld hadden werd er een mandje brood met roomboter voor ons neergezet. Twee stukken brood gingen naar binnen. De rekening ging vergezeld van een gratis glas likeur en een schaaltje pepermuntjes. Ik stak twee pepermuntjes in mijn mond en ging naar huis.

Voor ik naar bed ging maakte ik de balans van de dag op. Het doet denken aan het boek van rupsje-nooit-genoeg. In totaal hadden de obesinudges mij die dag verleid om bijna 700 kilocalorieën meer te eten dan ik van plan was. En dan had ik die twee bekers roomyoghurt nog niet eens aangeraakt. Maar 31 maart was misschien wel een ongewone dag. Gemiddeld kom ik op een dag 50 kcal aan obesinudges tegen. Dat lijkt niet veel maar elke dag 50 kcal meer dan je nodig hebt levert je ieder jaar tweeënhalve kilo gewichtstoename op.

We moeten ontsnappen aan de parade van overdaad. Het geheim van gezond eten zit niet in de precieze ingrediënten. Gezond eten is vooral niet meer eten dan je per dag nodig hebt. Onze voorouders waren lichamelijk veel actiever en overaten zich niet. Het moet vergelijkbaar zijn geweest met het dieet van Kwaku nu. De balans kan ook doorslaan. Er is in de verouderingswetenschap veel onderzoek gedaan naar het effect van 'calorische restrictie', de wetenschappelijke term voor net iets minder eten dan je dagelijks nodig hebt. Allerlei proefdieren, van fruitvliegen en vlinders tot muizen en ratten, leven langer als ze minder te eten krijgen. Soms leidt dit zelfs tot spectaculaire verlengingen van het leven, waarbij de groep die minder eet 30 procent langer leeft dan de groep die 'normaal' eet. Deze bevindingen hebben voor sommige mensen een cultstatus en er zijn mensen die dag in dag uit, jaar in jaar uit, minder eten dan wenselijk is omdat zij ervan overtuigd zijn daardoor langer te leven.

Een probleem bij de interpretatie van het onderzoek naar calorische restrictie is dat in de regel een groep dieren die naar believen (*ad libitum*) kan eten wordt vergeleken met een groep dieren die daar maar 70 procent van krijgt. De vraag is alleen of de ad libitum-groep, waarbij het voederbakje altijd gevuld klaarstaat, wel een realistische afspiegeling is van een 'normaal' voedingspatroon. In de natuur hebben dieren ook niet de beschikking over permanent gevulde voederbakken. Misschien kijken de onderzoekers eigenlijk naar de gevolgen wanneer dieren zich altijd overeten in vergelijking met dieren die min of meer een normaal innamepatroon hebben wanneer zij maar 70 procent van de calorieën krijgen aangeboden. In dat geval bevestigen de studies vooral hoe slecht het is om voortdurend te veel te eten. Want we kunnen ons eigen westerse eetpatroon het beste vergelijken met de permanent gevulde eetbakjes in de experimentele studies. Kortom, het wordt tijd om weer 'normaal' te gaan eten, qua energiebalans dus, zoals we dat duizenden jaren hebben gedaan.

Het onderzoek naar calorische restrictie is nog in volle gang. Zo lopen er enkele studies onder apen. Hoewel de apen met een calorisch beperkt dieet er gezonder uitzien, en de onderzoekers kunnen aantonen dat die minder snel verouderingsziekten ontwikkelen, zijn er tot nu toe in die onderzoekspopulatie evenveel apen overleden als in de controlegroep. Maar nog lang niet alle apen zijn dood. Wie weet worden de verschillen duidelijker als straks meer apen zijn overleden.

Bij mensen zijn er nog geen experimentele studies verricht. Het wordt niet ethisch gevonden om mensen jarenlang een beperkt dieet op te leggen in het kader van een wetenschappelijk experiment waarvan we de uitkomst niet kunnen inschatten. Vanzelfsprekend zijn er wel mensen onderzocht die zichzelf op vrijwillige basis een dergelijk streng dieet oplegden. Zij noemen zichzelf CRONies omdat ze een dieet volgen van Caloric Restriction with Optimal Nutrition. Een dieet met minder calorieën, maar dat wel alle voedingsstoffen bevat die je nodig hebt.

Bij de Leyden Academy on Vitality and Ageing nodigen we voor een van de colleges iemand uit die een dergelijk dieet volgt. Studenten luisteren ademloos naar het effect dat het dieet heeft op zijn gewicht, maar ook het remmend effect op zijn slaap, stemming en seksueel functioneren. Of hij juist dankzij de calorierestrictie bovengemiddeld gezond is en langer zal leven: we weten het gewoon niet. Want een probleem van de studies naar calorische restrictie is dat mensen die zichzelf vrijwillig dit soort strenge leefregels opleggen niet representatief zijn voor de algemene bevolking. Zij zijn bovenmatig met hun gezondheid bezig en zullen in de regel niet roken, veel groente eten, veel sporten, kortom over de hele linie een gezondere leefstijl hebben dan gemiddeld.

Een van de best interpreteerbare waarnemingen over caloriebeperking was het resultaat van een mislukt experiment. Een groep mensen liet zich vrijwillig voor twee jaar opsluiten in Biosphere 2, een enorm groot glazen kassencomplex in de woestijn van Arizona, waarin een compleet ecosysteem was nagebouwd. Er waren kassen met kustgebieden, tropische regenwouden, mangrovebossen en een woestijn. In deze kassen werd bestudeerd of het mogelijk zou zijn om een dergelijk kassencomplex op Mars neer te zetten met een compleet zelfvoorzienende kringloop. De planten zouden de koolstofdioxide die de mensen uitademden weer in zuurstof omzetten, en de bewoners zouden in hun eigen voedsel voorzien door gewassen te verbouwen, vissen te kweken en andere dieren te fokken. Het creëren van een permanent ecosysteem bleek echter niet gemakkelijk. Klimplanten overwoekerden het regenwoud, er ontstonden wolken in de kas die de woestijn nabootste, de vissen gingen dood en verstopten de waterzuivering. De CO_2-niveaus in de kassen schommelden sterk en alle gewervelde dieren (behalve de onderzoekers) stierven. Kakkerlakken en mieren tierden welig en veroorzaakten een ware plaag.

Om het experiment zo zuiver mogelijk te houden was er afgesproken dat er onder geen beding mensen of spullen in en uit de Biosphere mochten worden gebracht. Het gevolg was dat er, zonder vissen en kippen en met een regenwoud waar de zon nooit scheen, voortdurend te weinig eten was. De deelnemers werden tijdens het experiment nauwkeurig medisch gevolgd en hieruit bleek dat het uit nood geboren calorisch beperkte dieet een veel gezondere stofwisseling opleverde. De deelnemers raakten gemiddeld 17 procent van hun gewicht kwijt, hun cholesterol daalde met 30 procent, hun bloeddruk met 25 procent en ze hadden veel lagere bloedsuikers dan gebruikelijk buiten de kassen.

De bewoners verveelden zich overigens te pletter in hun glazen bol en er gaan geruchten dat er op een gegeven moment rolschaatsen naar binnen zijn gesmokkeld zodat ze tenminste konden zwieren in de ventilatieschacht. Of dat waar is of niet, er ontstond in elk geval hoogoplopende ruzie tussen de hongerige teamleden, waardoor de groep zich in twee kampen splitste. Een tweede periode van acht maanden werd voortijdig afgebroken. Het experiment kostte 150 miljoen dollar, maar nu weten we in elk geval dat de grootste uitdaging bij een kolonisatie van Mars niet is gelegen in het overleven van de barre omstandigheden, maar van elkaars nabijheid.

Om minder te eten hoeven wij onszelf gelukkig niet op te sluiten in een glazen bol. We hoeven ook geen zelfvoorzienende boer te worden in het noorden van Ghana. Wel zullen we moeten zorgen voor een passende omgeving die ons verleidt tot het maken van de juiste keuzes. Maar wat is dan een passende omgeving en wat zijn de juiste keuzes?

Omdat we evolutionair zijn afgesteld om iets meer te eten

wanneer het kan om in het geval van hongersnood te kunnen overleven zullen we ons lichaam een beetje voor de gek moeten houden. Bijvoorbeeld door veel dingen te eten die weinig calorieën bevatten maar wel een verzadigd gevoel geven. En geen dingen te eten of te drinken die veel calorieën bevatten en geen gevoel van verzadiging geven, zoals frisdranken.

Aan vruchtensappen kleven dezelfde bezwaren als aan frisdranken: ze bevatten veel suiker, geven weinig verzadiging, worden snel opgenomen en opgeslagen als vet. Vruchtensap is dus net zo slecht of gezond als frisdrank. En dat is niet het enige drankje waarvan mensen onterecht denken dat het gezonder is. Ook ice tea en diksap zijn niet gezonder dan frisdrank. De meeste ice tea bevat bijna net zoveel suiker als andere frisdranken. Met diksap kun je in ieder geval zelf kiezen hoeveel water je erbij doet. Als je het minder zoet maakt is diksap dus gezonder omdat er dan minder suiker in het glas zit.

Wat geeft dan wel het gevoel van verzadiging? Je lichaam reageert op prikkels uit je maag. Een gevulde maag genereert gevoelens van voldoening. Vet vertraagt de maaglediging, eiwitten stimuleren gevoelens van verzadiging in het brein. Dit hele systeem is zo afgesteld dat je iets meer eet dan je nodig hebt omdat de prikkels niet direct aankomen, er zit vertraging op de lijn. Iedereen kent het gevoel wel: je stopt pas met eten als je genoeg hebt en een kwartier later merk je dat je te veel hebt gegeten. Het resultaat is dat je met een opgeblazen gevoel op de bank neerploft.

Koolhydraten, dat wil zeggen zetmeel en suikers, geven minder verzadiging, al hangt het wel een beetje van het soort koolhydraat af. Afhankelijk van de chemische eigenschappen worden sommige koolhydraatrijke producten sneller opgenomen dan andere, en dat is van invloed op het gevoel van voldoening. Suikers die snel worden opgenomen geven geen enkel gevoel van verzadiging. Zetmeel en andere koolhydraten moeten eerst worden afgebroken tot suikers. Ons lichaam reageert op suiker met de aanmaak van insuline, dat ervoor zorgt dat de suikers worden opgeslagen als vet. Wanneer je koolhydraten eet die snel worden opgenomen, krijg je hoge pieken van bloedsuikers. Je ervaart die pieken als een *after dinner*-dip. Die pieken in de bloedsuiker veroorzaken op hun beurt hoge pieken van insuline, waardoor de bloedsuikerspiegel keldert en je weer trek krijgt. Daarom is het veel beter om te zorgen dat er minder hoge pieken en diepe dalen in je bloedsuiker optreden.

Bloedsuiker wordt chemisch glucose genoemd. Koolhydraatrijke producten met een lagere glycemische index – omdat ze minder pieken en dalen veroorzaken in de glucosespiegel in het bloed – geven langer een voldaan gevoel. Studies over het belang van die glycemische index spreken elkaar tegen en instanties vliegen elkaar erover in de haren of het nu wel of niet goed is om mensen aan te raden vooral producten met een lagere glycemische index te nuttigen. Hoge bloedsuikers zijn slecht voor je vaten. We weten dat bij diabetespatiënten de hoogte van de pieken en de diepte van de dalen direct gerelateerd is aan de snelheid waarmee de vaten kapotgaan en organen het begeven.

Los van de uitkomsten van dit lopende wetenschappelijk debat kun je wel stellen dat producten die snel in het bloed worden opgenomen minder lang verzadiging geven en je eerder dik maken omdat je er simpelweg meer van eet. Je hoeft er geen religie van te maken, maar het lijkt aldus bezien een goed advies om liever producten met een lage glycemische index, zoals peulvruchten, tot je te nemen. In ieder geval moet je producten met een heel hoge glycemische index waarvan je veel in korte tijd tot je neemt zien te vermijden. Daartoe behoren, zo zal duidelijk zijn, alle frisdranken en andere producten met veel suiker.

Waarom ontspanning, slaap en sociale interactie onmisbaar zijn om gezond oud te worden. De moderne omgeving stelt ons bloot aan permanente stresspatronen en constante lichtprikkels verstoren ons bioritme. Hoe maakt ons moderne leefritme ons ziek?

5
HET RITME VAN DE DAG

ER IS ALTIJD IETS TE DOEN

Onze woonomgeving bepaalt bij welke supermarkt we boodschappen doen. Afhankelijk van het assortiment en de wijze waarop de waar is uitgestald kopen we wel of geen producten met een hoge glycemische index en zitten we 's avonds wel of niet met schommelende bloedsuikers. Niet alleen thuis zijn wij slaaf van onze omgeving; op het werk is dat niet anders.

Het is lovenswaardig dat mensen worden gestimuleerd om hun talenten te ontwikkelen, het beste uit zichzelf te halen, daar voldoening uit te putten en bij te dragen aan het functioneren van de maatschappij. Maar veel mensen hebben het gevoel dat er te veel van hen wordt gevraagd. Bij hen is de balans zoek. In China plegen arbeiders collectief zelfmoord door van het dak van de fabriek te springen. Dat is allesbehalve zelfontplooiing en dit soort praktijken kennen wij in Nederland gelukkig niet. Ook bij ons echter hebben honderdduizenden mensen, zo'n 7 procent van alle werknemers, werkgerelateerde hartkloppingen, paniekaanvallen en andere klachten. Een op de acht werknemers in Nederland kampt met klachten van burn-out. Daarom zitten jaarlijks 75 000 mensen thuis, gemiddeld 185 dagen. Deze problemen spelen niet alleen in ons hardwerkende calvinistische Nederland. In de Europese lidstaten rapporteert 22 procent van de werknemers werkgerelateerde stress.

Het werk als een ziekmakende omgeving, hoe verhoudt zich dat met het aloude adagium 'Van werken is nog nooit iemand doodgegaan'? Is arbeid lichamelijk zo licht en geestelijk zo zwaar geworden dat we van de stress onderuitgaan? Of heeft ons lichaam nog niet geleerd om te gaan met een nieuwe vorm van stress? Het is denkbaar dat in onze oorspronkelijke omgeving momenten van stress – een leeuw komt niet ieder moment voorbij – worden afgewisseld met perioden zonder gevaar. Onze moderne omgeving levert meer permanente stresspatronen op. Al van jongs af aan worden kinderen dag in dag uit onderworpen aan een schoolsysteem waarin iedere dag gepresteerd moet worden. Toetsen en extra huiswerkklassen moeten garanderen dat we het beste uit onze kinderen halen. Soms schieten we daarin door. In Japan plegen sommige kinderen zelfmoord enkel en alleen omdat zij geen goede testscores halen. In ons werkende bestaan is er permanente competitie om de concurrentie voor te blijven, wat een volledige en voortdurende inzet van alle werknemers vereist. Bedrijven die minder goed presteren gaan failliet, daarom worden werknemers die minder goed presteren ontslagen. Voor sommige werknemers levert deze toestand van permanente stress een ongezonde veroudering op.

Stress zorgt ervoor dat in het lichaam hormonen worden aangemaakt. Zo maakt adrenaline het lichaam klaar om te vechten of te vluchten – voor een leeuw bijvoorbeeld. Cortisol zorgt ervoor dat er extra energie wordt vrijgemaakt. Het breekt eiwitten af tot aminozuren en stimuleert de lever om suikers aan te maken, allemaal brandstof voor het gevecht of voor de vlucht. Cortisol onderdrukt ook het immuunsysteem. Dat heb je even niet nodig; dat komt later wel weer, wanneer je het gevecht hebt overleefd. De afgifte van deze hormonen en de lichamelijke reacties daarop zijn een goede respons wanneer acuut gevaar dreigt.

Onze moderne omgeving stelt ons echter aan heel andere stresspatronen bloot. Het lijkt in niets op lopen over de savanne, waarbij er enkel bij vlagen acuut gevaar dreigt. In plaats daarvan zitten wij hele dagen in de auto in druk verkeer, werken wij dagenlang aan deadlines, of liggen 's nachts wakker van de projecten op het werk die niet goed lopen. Deze stress komt, maar gáát niet. Hij zorgt ervoor dat de gehaltes van stresshormonen blijvend verhoogd zijn en leiden tot insulineresistentie, dat een opmaat is tot diabetes, hoge bloeddruk, hartinfarcten, vraatzucht en slaapproblemen. Meer dan ooit is het belangrijk om een werk- en leefomgeving te creëren waarin ook perioden van ontspanning terugkeren. Juist om te kunnen presteren.

Ik – Rudi – ben sinds korte tijd werkzaam aan de Universiteit van Kopenhagen. Ik werd daar hartelijk welkom geheten. Op de eerste dag troonde een van de medewerkers mij mee naar mijn kamer en wijdde mij in in de beginselen van het Deense werken. De deur ging open, een kleine balzaal, dat viel niet tegen. En jawel, hoge bureaus waar je staand aan kunt werken. Mooi, dat staande werken had ik mezelf in Leiden al aangeleerd, dat kon naadloos door. Er gelden strikte regels om de deur dicht te doen wanneer je in gesprek bent zodat je de anderen niet stoort. In de keuken staan grote schalen vers fruit waarvan je geacht wordt per dag minstens één stuk te eten. Door de week zijn er verplichte koffiemomenten, waarbij je aanwezigheid verwacht wordt. Een halfuurtje, daarna gaat ieder weer zijn gang. Ik werd ook gevraagd of ik wilde aangeven wanneer ik vakantie op zou nemen, anders zou men mij erop attenderen wanneer ik vrij moest nemen. Werken in het weekend wordt niet aangemoedigd, tenzij strikt noodzakelijk. Mijn naaste collega, een deur verder, draagt zorg voor de arbeidsomstandigheden. Bij twijfel, zo werd mij gezegd, zou zij zich ongevraagd tegen mij aan bemoeien.

NOOIT MEER SLAPEN

Onder aan de hersenen hangt een klein aanhangsel, de epifyse (ook wel pijnappelklier geheten). De filosoof Descartes dacht dat het de schakel tussen lichaam en geest was. Dat was niet zo, de klier produceert onder andere het hormoon melatonine en regelt daarmee ons dag-en-nachtritme. De klier heeft zich ontwikkeld uit het derde oog, een eenvoudig lichtgevoelig oog dat bij verschillende reptielen en vissen nog steeds boven op het hoofd zit. Dit rudimentaire oog kan alleen licht en donker onderscheiden en diende in ons héél verre evolutionaire verleden waarschijnlijk om roofvogels of roofvissen die van boven naderden te detecteren zodat we snel weg konden schieten. Bij mensen zit deze klier na miljoenen jaren evolutie inmiddels in het midden van het hoofd maar hij reageert nog steeds op prikkels van buiten die via onze ogen worden doorgegeven. Als de schemering invalt gaat de pijnappelklier het hormoon melatonine aanmaken. Melatonine zorgt ervoor dat ons lichaam zich klaarmaakt voor het slapengaan. Ongeveer twee uur nadat de aanmaak is begonnen overvalt ons de slaap.

De aanmaak van melatonine wordt door licht geremd,

met name blauw licht in golflengtes van 460 tot 480 nanometer; dat wordt het minst door water geabsorbeerd. Miljoenen jaren lang functioneerde dit systeem uitstekend. Zelfs toen mensen kampvuren en olielampjes gebruikten werd onze melatoninehuishouding niet verstoord, want deze lichtbronnen geven vooral geel licht af. Totdat honderd jaar geleden de elektrische verlichting zijn intrede deed, die een veel blauwere kleur heeft. In onze moderne omgeving is inmiddels zoveel kunstlicht dat ons lichaam niet meer de juiste prikkels krijgt. Tot 's avonds laat kijken wij in helder verlichte ruimtes naar de televisie of verlichte beeldschermen. Daarmee remmen we de natuurlijke aanmaak van melatonine. Vervolgens liggen we ons in bed met open ogen op te winden dat het zo moeilijk is om in slaap te vallen.

Sinds het elektrisch licht zijn intrede deed is ons slaapwaakritme sterk veranderd. Niet langer bepalen de zon en het seizoen wanneer wij slapen en wanneer wij wakker worden. Licht heeft echter nog altijd een sterke invloed op onze biologische klok. Het hoeft dan ook niet te verbazen dat die klok – een groep hersencellen die het 24 uursritme bepalen – precies boven de oogzenuwen gelegen is. De informatie uit onze ogen wordt direct naar de hersenen doorgespeeld, die daarmee de afgifte van melatonine uit de pijnappelklier bepalen. Zelfs korte lichtprikkels kunnen een grote invloed hebben op onze biologische klok en als gevolg daarvan op de afgifte van melatonine, maar ook andere hormonen.

Kunstlicht heeft ervoor gezorgd dat wij 's avonds nog uren kunnen zien, luisteren en werken omdat ons lichaam niet wordt voorbereid om te gaan slapen. Ook alle beeldschermen prikkelen onze lichtreceptoren. Nederlanders kijken gemiddeld ruim drie uur televisie per dag, waarvan het grootste deel 's avonds. Ook het beeldscherm van een laptop, computer, tablet of smartphone houdt ons wakker. Het is dus helemaal niet zo gek dat bijna twee miljoen mensen (in)slaapproblemen hebben en daarvoor pillen gebruiken.

Goed kunnen slapen is niet alleen fijn, het is ook gezond. Iedereen die ruw in zijn slaap gestoord wordt, of een slaaptekort heeft, merkt aan zijn lichaam dat zoiets niet goed is. Ons humeur is daarvan niet uitgezonderd. Een goede nachtrust geeft je energie, je voelt je overdag beter en je ziet er ook gezonder uit. Recente studies hebben laten zien dat voldoende en goede slaap belangrijke effecten op je gezondheid heeft. Mensen die gemiddeld minder dan zeven of meer dan tien uur slapen, leven korter.

Wie gezond oud wil worden moet goed slapen. Hierbij zijn met name de eerste uren van je slaap belangrijk. Je slaapt in cycli, waarbij je steeds dieper in slaap raakt en vervolgens weer langzaam lichter gaat slapen. Een nacht kent een aantal van deze cycli. Van al dat slapen lijkt de diepe slaap het belangrijkst, en de eerste cyclus geeft de diepste slaap. Juist dan is het belangrijk om niet tussendoor wakker te worden. Er wordt gedacht dat dit cyclisch slapen een manier is om alle systemen van het lichaam te synchroniseren, alsof je een restart doet van je computer of je telefoon wanneer die begint te haperen.

Mensen met een slaaptekort hebben de behoefte om meer te gaan eten, vooral van calorierijke producten, zoals snacks en snoep. Mensen die moe zijn eten en snacken niet alleen meer, een lichaam met een slaaptekort raakt ook metabool ontregeld. Wie slecht slaapt wordt ongevoelig voor insuline; exact hetzelfde proces dat zich voltrekt bij iemand met beginnende ouderdomsdiabetes. Het resultaat is dat je hoge bloedsuikers blijft houden en die beschadigen hart, vaten, nieren, zenuwen en netvlies. Slecht slapen leidt op die manier ook tot overgewicht, slijtage en veroudering. Studies hebben laten zien dat zelfs bij gezonde mensen één nacht slaaptekort al leidt tot een – voorbijgaande – verminderde gevoeligheid voor insuline.

Slaaptekort heeft ook een negatief effect op de werking van het immuunsysteem. Wanneer je moe bent, ben je vatbaarder voor infecties. Hoewel je van infecties kunt genezen laten die wel littekens – schade – achter in het lichaam en dat leidt tot een versnelling van het verouderingsproces. Een studie naar de effectiviteit van griepvaccinatie liet zien dat mensen die gemiddeld acht uur sliepen twee keer zoveel antistoffen maakten als de groep die gedurende vier nachten maar vier uur per nacht had geslapen.

Wie heeft er een slaaptekort? Iedereen die een wekker gebruikt. Je wordt vanzelf wakker als je voldoende slaap hebt gehad. Het valt echter niet mee om te slapen in een omgeving die we zo ongeschikt hebben gemaakt om in te slapen. Door het kunstlicht worden we niet meer als vanzelf overvallen door moeheid en gaan we vaak te laat naar bed. 's Avonds zijn we nog druk in de weer terwijl het lichaam eigenlijk moet beginnen te ontspannen om ons zo klaar te maken voor de nacht. Hierdoor hebben veel mensen moeite met inslapen en slapen veel mensen te kort.

Omdat wij met gordijnen onze slaapkamers donker houden wordt ons lichaam 's ochtends niet langzaam voorbereid om te ontwaken. Zonder waarschuwing wordt ons lichaam ruw opgeschrikt door een harde alarmbel of zoemer. Stresshormonen gieren door het lichaam. Dat je hierdoor als een hond geconditioneerd wordt, kun je merken wanneer je het geluid van je wekker overdag hoort. Als iemand in de trein hetzelfde geluid van je wekker als beltoon gebruikt schrik je en reageert je lichaam met eenzelfde stressrespons. 'Wat is dat?!' Wie had gedacht dat een simpel geluid uit de telefoon van een medereiziger een adrenaline-injectie in jouw lijf zou kunnen veroorzaken? Je ervaart het geluid bovendien als heel naar, omdat het gekoppeld is aan die nare ervaring van ruw uit je slaap gewekt worden.

Een recente studie onderzocht de slaappatronen van mensen die in de zomermaanden gaan kamperen. Zij hebben veel minder moeite met inslapen. Nadat het om tien uur donker en kouder is geworden, val je een uur later om van de slaap en eenmaal in je slaapzak soes je zo weg. De volgende ochtend word je in je tent gewekt door de langzaam opkomende zon en word je uitgerust weer wakker. Waarom slapen deze mensen hier zo goed, zoveel beter dan thuis? Omdat ze hier een slaappatroon en een slaapomgeving hebben waar ons lichaam op is afgestemd. Zo hebben mensen altijd geslapen, al onze regelsystemen en 24 uursritmes zijn daar door evolutie op afgesteld.

DICHT OP ELKAAR EN TOCH VER WEG

Tienduizenden jaren woonden wij in dorpen met een overzichtelijke groep mensen. Onze familieleden woonden bij ons in de buurt. Ons leven speelde zich in het dorp af. Slechts een paar keer in het leven waagden wij ons verder dan tien kilometer van huis. In onze moderne maatschappij verlaten veel kinderen en (jong)volwassenen voor scholing of werk de plek waar de rest van de familie woont. Wie oud wordt heeft daardoor niet automatisch familieleden om zich heen om voor hem of haar te zorgen.

Steeds meer mensen in onze moderne omgeving wonen in steden. En hoewel we in de stad dichter op elkaar wonen kennen wij elkaar minder goed dan ooit tevoren. In een dorp is het ondenkbaar dat je je buurman honderd meter verderop niet kent. In steden is het eerder regel dan uitzondering. Zulke sociale contacten zijn echter essentieel om ook op hoge leeftijd goed te kunnen functioneren, zowel vanwege de sociale steun als vanwege de hulp bij de activiteiten in het dagelijks leven. Een studie die alle onderzoeken naar het effect van eenzaamheid verzamelde, concludeerde dat eenzame mensen op ieder moment 40 procent meer kans hebben om te overlijden, jaar in jaar uit. Eenzaamheid is daarmee dodelijker dan roken! Over de onderliggende mechanismen wordt door onderzoekers gedebatteerd. Er wordt gesproken over zelfverwaarlozing, maar ook dat het je aan hulp ontbreekt wanneer dat nodig is. Je moet deel uitmaken van een gemeenschap, zoals rokers die elkaar op straat direct aanspreken. Dit laatste moet natuurlijk niet als een pleidooi worden opgevat om samen met iemand te gaan roken.

In onze oorspronkelijke omgeving waren de sociale banden tussen mensen sterker. Kwaku heeft die sterke banden nog steeds. Wanneer je in Ghana een boodschap gaat halen kun je dat het beste op de fiets doen. Niet omdat je je op de fiets zoveel sneller kunt verplaatsen – de wegen zijn er onverhard en nogal hobbelig – maar omdat je minder vaak hoeft te stoppen. Op de fiets kun je namelijk de mensen die je onderweg tegenkomt begroeten door alleen maar even te zwaaien of je hand op te steken. Als je naar de markt zou lopen, krijg je van iedereen een hand. En dan ben je zo een tijd verder, want zoals eerder gezegd: de begroetingsceremonie is uitgebreid. Denk aan een riedel als: 'Hoe is het met je gezondheid?' 'Mijn lichaam is sterk.' 'Hoe is het met het werk?' 'De akker is goed.' 'Hoe is het met de familie?' 'De familie is goed.'

Onze moderne leefomgeving faciliteert ontmoetingen

tussen mensen veel minder. In steden kom je zoveel mensen tegen dat het ondoenlijk is iedereen te groeten, laat staan te leren kennen. Dit heeft mede bijgedragen aan een cultuur van individualisme. In de trein zitten wij – soms urenlang – tegenover iemand zonder iets tegen elkaar te zeggen. Wij hebben tenslotte genoeg sociale contacten in ons werkzame leven overdag. 's Avonds hebben we vooral behoefte aan rust. En televisie. Maar als ons werkzame bestaan stopt dreigen die sociale contacten ook weg te vallen. Dan zijn we op de buurt aangewezen. Iedereen heeft voor en achter zijn huis zijn eigen tuintje. Met schuttingen worden ontmoetingen met buren effectief geweerd. Waar ouders met jonge kinderen elkaar op schoolpleinen en speelplaatsen nog ontmoeten, zijn er voor ouderen in hun directe omgeving weinig ontmoetingsplaatsen, behalve natuurlijk bij de koffiehoek in de Albert Heijn. De behoefte aan een ontmoetingsplek blijkt daar soms zo groot dat deze hangouderen voor de winkel een probleem beginnen te worden.

INTERMEZZO: SLAAF VAN JE OMGEVING OF EIGEN REGIE?

Onlangs maakte het Engelse kunstenaarscollectief Pharmacopoeia een jurk van 27774 tabletten, pillen en capsules. Ze noemden het kunstwerk *Femme Vitale*. Dit getal was niet zomaar willekeurig gekozen maar gebaseerd op het medicijngebruik zoals dat was opgemaakt uit de medische dossiers van een Engelse en Deense patiënt met het metaboolsyndroom. De 27774 tabletten zijn het totale aantal pillen en capsules die een doorsnee-patiënt met het metaboolsyndroom over een periode van tien jaar op basis van de medische richtlijnen moet slikken. Het metaboolsyndroom is een verstoorde stofwisseling in het lichaam. Patiënten hebben daardoor last van een combinatie van overgewicht, een hoog cholesterolgehalte, hoge bloedsuikers en een hoge bloeddruk. Hoewel er veel discussie is over het precieze mechanisme, is iedereen het erover eens dat de oorzaak van deze kwaal gelegen is in een combinatie van te veel eten en inactiviteit.

In *Oud worden zonder het te zijn* sprak ik – Rudi – over vitaliteit, het stellen van eigen doelen en ambities, en zelf de regie nemen over je gezondheid. Helaas laat de huidige praktijk precies het omgekeerde zien: we zijn slaaf geworden van onze omgeving.

Laten we het nog maar eens duidelijk stellen: we hebben *zelf* een ziekmakende omgeving gecreëerd. Een omgeving waarin de verkeerde prikkels overheersen. Wij hebben onze woonomgeving en onze werkomgeving verkeerd ingericht. Wij hebben de publieke ruimte onvoldoende benut. Wij hebben bedrijven opgericht die ons dik en ongezond maken. Het is een omgeving waarin wij een leefstijl ontwikkelden die ons inactief maakt, die zorgt voor overgewicht, dat we gaan roken, chronische stress ervaren, en kampen met slaapproblemen en eenzaamheid. En zijn we eenmaal ongezond oud geworden, dan leggen we ons lot in handen van medische professionals en laten hen onze problemen met pillen oplossen.

Het is tegenstrijdig dat de moderne omgeving ons aan de ene kant langer doet leven en ons aan de andere kant ongezond oud laat worden. Ons lichaam, ons bouwplan, onze genen zijn nu eenmaal niet geschikt, niet aangepast aan de moderne tijd. Onze genen kunnen we niet veranderen maar onze omgeving wel. Het is niet onze schuld dat we ongezond oud worden, maar we kunnen er wel zelf iets aan doen.

Wij kunnen onze omgeving naar onze hand zetten, de omgeving aan het werk zetten om ons gezond te houden. Kwaku heeft ons daarvoor een recept gegeven. Het geheim van Kwaku's goede gezondheid is gelegen in datgene wat ervoor zorgt dat hele gemeenschappen gezond gedrag vertonen en gezond oud worden. De omgeving is de sleutel. Kwaku's omgeving past bij zijn genen, dus doet hij automatisch wat goed en gezond voor hem is.

Dat de oplossing voor veel van onze hedendaagse gezondheidsproblemen is gelegen in een aanpassing van onze omgeving is geen fundamenteel nieuw inzicht, maar het daadwerkelijk uitvoeren van dit idee zou wel een doorbraak zijn.

Jarenlang is – zonder succes – getracht om het lichaam goed te laten functioneren in een omgeving waar het niet voor gemaakt is. Met eindeloos gebieden en verbieden hebben we geprobeerd om ons brein te overtuigen en het lichaam te laten doen wat het niet wil.

In plaats van met uw brein te proberen uw weerbarstige lijf de juiste kant op te sturen, kunt u beter met uw brein uw omgeving aanpassen. Die omgeving zal vervolgens uw lichaam de juiste kant op sturen. Zonder dat u moeilijke leefregels hoeft na te leven, zonder dat u erbij na hoeft te denken.

Moeten we dan weer terug naar onze oorspronkelijke omgeving, zoals in het noorden van Ghana? Nee, dat hoeft niet. Wat we bijvoorbeeld wel kunnen doen is er met kleine aanpassingen van onze moderne omgeving voor zorgen dat we automatisch verleid worden om iets meer te bewegen, iets minder te eten en te stoppen met roken. Evenzo kunnen we ervoor zorgen dat de omgeving ons helpt om beter met stress om te gaan, beter te slapen, en makkelijker met anderen in contact te komen of bestaande contacten te onderhouden.

Het gaat om de omgevingen waarin we elke dag zijn: thuis, op ons werk, op school, in de wijk, in de supermarkt, in de kantine of in het restaurant. Kleine veranderingen in deze omgevingen kunnen grote invloed hebben op onze gezondheid. Kleine aanpassingen kunnen ervoor zorgen dat we gezond gedrag inbouwen in onze dagelijkse routine. Als de routine eenmaal op orde is, hoeven we er niet meer naar om te kijken. We laten de omgeving het werk doen. We hoeven ons niet aan geboden en verboden te houden, en er is ruimte voor uitspattingen. Zo blijft gezond leven leuk en houden we het lang vol. Het is net als het huishoudboekje. Als we elke maand positief eindigen en de inkomsten iets hoger zijn dan de vaste lasten, kunnen we af en toe uit eten en met vakantie. Maar als de routine niet op orde is, lopen we schade op. Dan zijn de vaste lasten hoger dan het inkomen en eindigt iedere maand met nieuwe schulden. Zo stapelt de ellende zich op.

De grote verandering ten opzichte van het verleden is dat we stoppen met gebieden en verbieden om onze bewuste keuzes te beïnvloeden. We richten ons in plaats daarvan op het onbewuste gedrag, alle dingen die we elke dag doen en waar we niet bij nadenken of weloverwogen voor kiezen. De omgeving gaat ons helpen om kleine verbeteringen aan te brengen in die onbewuste routine. En omdat die kleine dingen iedere dag terugkomen, jaar in jaar uit, zullen ze uiteindelijk een groot effect teweegbrengen.

Veel mensen pleiten voor bewuster leven. Wij niet. Wij pleiten voor een beter *onbewust* leven. Niet proberen weloverwogen de goede keuze te maken, maar je omgeving zo inrichten dat je onbewuste keuzes gezonder zijn.

Het recept is voor iedereen verschillend. Het gaat erom voor jezelf na te gaan hoe je routine eruitziet, wat je op een dag doet, in welke omgevingen je je dagelijks bevindt, en daar met kleine aanpassingen mee te experimenteren. Onze aanpak vraagt mensen om weloverwogen naar hun omgeving te kijken en die her in te richten, om vervolgens jarenlang van een nieuwe, gezondere routine te profiteren.

Hoe een nieuwe inrichting van de keuken, woonkamer en slaapkamer gezonde keuzes kan sturen.

6
HET LEVEN THUIS

RICHT JE KEUKEN ANDERS IN

Elk jaar leggen honderdduizenden Nederlanders zichzelf strenge leefregels op door een bepaald dieet te volgen. Diëten zijn er in duizenden vormen en maten. Wat ze vaak gemeen hebben is dat je iets *niet* mag eten: geen vet, geen koolhydraten, geen zuivel, geen snoep, geen brood. En diëten kunnen soms spectaculaire resultaten boeken. Dat wil zeggen, de eerste weken tot maanden. Na een jaar is iedereen weer op zijn oude gewicht of zelfs zwaarder. Dan is het tijd voor het volgende dieetboek, de volgende trend.

Op de lange termijn werken diëten niet. Daarom verschijnen er ook zoveel dieetboeken. Als er een methode was met een blijvend resultaat, dan was iedereen slank en zou niemand een dieetboek nodig hebben. In plaats van kastenvol verschillende dieetboeken zou er in de boekwinkel maar één plankje zijn met dertig exemplaren van hetzelfde dieetboek, dat al decennia – met succes – werd gebruikt door mensen die willen afvallen. Vergelijk het met de handleiding voor het uit elkaar halen van de motor van een Volkswagen waarmee monteurs al jaren uit de voeten kunnen. Een andere handleiding is er nooit gekomen. Dat was ook niet nodig. Maar dat geldt niet voor dieetboeken.

Wie onze evolutionaire geschiedenis kent, begrijpt waarom het zo moeilijk is om een dieet lang vol te houden. We zijn immers zo geëvolueerd dat we net iets meer eten dan op dat moment nodig is en vet en zoet lekker vinden. Elke keer dat je een koekje moet laten liggen, moet je vechten tegen die natuurlijke neiging. Dat is niet alleen weinig succesvol, het is ook niet leuk.

Gelukkig is er een alternatief waarmee je moeiteloos tot bijna een kwart minder calorieën eet, zonder dat je het in de gaten hebt: kleinere bordjes. Mensen eten niet tot ze voldaan zijn, mensen eten tot hun bord leeg is. Een onderzoek uit 2006 liet zien dat proefpersonen die kleinere bordjes gebruikten 22 procent minder calorieën aten en toch aangaven net zo voldaan te zijn. In plaats van een nieuw en modieus dieetboek kun je dus beter een nieuw servies aanschaffen. Een servies gaat tientallen jaren mee en zorgt ervoor dat je ook op de lange termijn een gezond gewicht houdt.

Mensen die deze kennis hebben toegepast in hun dagelijks leven zijn zo enthousiast dat ze een *Small Plate Movement* hebben opgericht, een club van geloofsgenoten die hun grote borden hebben weggedaan en anderen proberen te overtuigen hetzelfde te doen door filmpjes op internet te plaatsen waarin mensen over de hele wereld hun grote borden kapotgooien.

In een klassieke studie naar het effect van de grootte van het servies op ons eetpatroon ontwikkelden wetenschappers de 'eeuwige soepkom'. Deze kom stond op een tafeltje vastgelijmd. Via een ingenieus mechanisme was de onderkant van de kom via een slangetje verbonden met een grote pan soep, waardoor de soepkom ongemerkt bijgevuld kon worden. Door deze truc kon uit de soepkom meer soep gelepeld worden. De proefpersonen hadden dit niet in de gaten. Dit experiment liet zien dat mensen niet eten tot ze genoeg hebben maar tot de kom leeg is. Het gevoel van verzadiging bij mensen die uit een gewone kom aten was gelijk aan het gevoel van degenen die uit de eeuwige kom veel meer soep hadden gegeten.

Wat geldt voor je bord of kom geldt ook voor de andere delen van het servies. De vorm van je glas beïnvloedt de hoeveelheid die je drinkt, en bovenal de hoeveelheid die je denkt dat je drinkt. Onze hersenen vinden het moeilijk om de inhoud van een vorm in te schatten naarmate die langgerekter is. We denken dat we een grotere hoeveelheid binnenkrijgen bij het drinken uit smalle, hoge glazen dan uit brede, lage glazen. Kinderen die zelf hun drinken inschenken, drinken 74 procent minder uit hoge glazen. Volwassenen drinken 20 procent minder uit hoge glazen. Wanneer je hoge glazen in je keukenkast zet drink je dus 20 procent minder fris en neem je minder calorieën tot je.

Behalve de borden, kommen en de glazen heeft ook het formaat van de opscheplepel invloed op de hoeveelheid die je eet. In een onderzoek werd een groot aantal voedingsexperts bij elkaar gezet die zichzelf ijs mochten opscheppen met een grote of een kleine lepel. Hieruit bleek dat het gebruik van een grote lepel leidde tot 15 procent grotere porties, dus 15 procent meer calorieën. Ook hier kun je thuis mee experimenteren. Gebruik kleine lepels voor voeding met hoge calorische waarde, zoals jus en sauzen, en beperk zo, zonder dat je het in de gaten hebt, de hoeveelheid die je hiervan binnenkrijgt. Voor groente gebruik je natuurlijk juist een grote lepel, waardoor je ongemerkt meer groente eet.

Dat je de portiegrootte gunstig kunt beïnvloeden door een nieuwe uitzet te kopen is niet onverwacht want het formaat van je servies, bestek en glazen is in de loop van de tijd te groot geworden. Wie de borden van grootmoeder bekijkt vraagt zich af waarom mensen vroeger van ontbijtbordjes aten. Wanneer je tegenwoordig een glas wijn krijgt aangeboden, lijkt dat soms op een vissenkom. We hebben het nagemeten, in sommige gevallen konden we een hele fles wijn in twee glazen uitschenken zonder dat het er gek uitzag.

In een fraaie studie naar het effect van portiegrootte analyseerden wetenschappers het klassieke Amerikaanse kookboek *The Joy of Cooking*, dat al bijna honderd jaar verkrijgbaar is en vele malen is herdrukt en heruitgegeven. Van 1936 tot nu steeg de portiegrootte met 33 procent en nam het aantal calorieën per portie met 60 procent toe. We zijn per maaltijd meer gaan eten terwijl we in dezelfde periode dagelijks minder calorieën zijn gaan verbranden.

Omdat onze pannen ook groter zijn geworden koken we gemakkelijk te veel. Dat we echt veel te veel klaarmaken blijkt wel uit hoeveel er – ondanks dat we meer eten – toch nog wordt weggegooid. Bijna een vijfde van de pasta die wij koken, gooien wij weg. Van rijst is dat bijna een derde. 20 procent van het brood wordt weggegooid. Dat betekent dat 20 procent van alle graan voor niets wordt gezaaid, voor niets wordt geoogst en voor niets wordt gemalen. 1 op de 5 bakkers staat iedere dag voor niets midden in de nacht op om brood te bakken. Zet dus een weegschaal en een maatbeker neer, zodat je gestuurd wordt om de hoeveelheid eten die je gaat bereiden af te meten.

Als je toch te veel hebt gekookt, eet het dan niet op. Bedenk dat er feitelijk twee manieren zijn om iets weg te gooien.

Je kunt het eten dat je overhebt in de prullenbak deponeren of je kunt het alsnog opeten. Dat laatste is net zo nutteloos als weggooien, het overschot wordt als vet opgeslagen en het is daardoor net alsof je de afvalbak op je buik met je meedraagt. Als je het zonde vindt om eten weg te gooien – en dat is het ook – bewaar het dan in de koelkast of vries het in.

Wanneer je honger hebt, trek je die koelkast open. Vervolgens pak je iets dat in het zicht ligt. Een blikje fris. Een stukje kaas. Het lijkt wel de rij bij de kassa. Daar liggen de repen chocolade op je te wachten tot je langskomt. In de koelkast zie je meestal geen fruit of groente, aangezien de meesten van ons dit in een ondoorzichtige la onderin hebben liggen. Door de indeling van je koelkast te veranderen, kun je ervoor zorgen dat je gezonder gaat snacken. Leg je ongezonde producten in de groentela, en fruit en groente op ooghoogte. Hetzelfde geldt voor de voorraadkast. Je zult ongemerkt vaker een appel, wortel of wat druiven eten dan voorheen.

Een ander voorbeeld. We eten te zout, 85 procent van de Nederlanders eet meer dan de aanbevolen 6 gram per dag. Mannen eten gemiddeld 10 gram zout en vrouwen 8 gram. Diëtisten proberen ons al decennia te verbieden om zout toe te voegen. Maar eten zonder zout is minder lekker, en dus werkt verbieden niet. In onze evolutionaire geschiedenis aten wij weinig natriumzout – het tegenwoordige keukenzout – en veel kaliumzout, dat in groente en fruit voorkomt. Kalium heeft een tegengestelde werking aan natrium. Minder natrium en meer kalium zorgt voor een lagere bloeddruk, wat het risico op nierfalen, hartfalen en een beroerte doet dalen en beschermt tegen dementie. Kalium zorgt er ook voor dat de nieren minder kalk uitscheiden, wat weer zorgt voor sterkere botten en een lager risico op nierstenen.

Een slim alternatief is om te zorgen dat er geen natriumzout maar kaliumzout in de zoutpot zit, waarbij twee derde van het natrium is vervangen door kalium. Mensen die geen plastabletten of ontstekingsremmers gebruiken en een normale nierfunctie hebben, kunnen zo hun zoutgebruik sterk verminderen zonder dat ze het in de gaten hebben.

SEKS IN DE SLAAPKAMER

Bijna een kwart van ons leven brengen wij slapend door. Slapen is fijn en nachtrust is belangrijk om gezond ouder te worden. Veel mensen slapen niet goed. Zij hebben moeite om in te slapen, zijn vaak of vroeg wakker of slapen te weinig uren. Gelukkig kunnen kleine veranderingen in onze slaapkamer helpen om beter te slapen.

Wie slecht inslaapt doet er goed aan om in de laatste twee uur voor hij gaat slapen de lampen in de woonkamer te dimmen. In de slaapkamer zelf moet er zeker geen fel licht zijn. Aangezien blauw licht je wakker houdt, is het raadzaam om hier sfeervolle oranje-gele verlichting te installeren, en geen spaarlampen. Onderzoek heeft laten zien dat het dragen van een bril met oranje glazen die blauw licht absorberen helpt om de melatonine-aanmaak – het hormoon van de nacht – niet te verstoren.

Nu is het niet ons idee dat iedereen voortaan 's avonds een oranje bril gaat dragen, maar deze kennis kan wel toegepast worden door degenen die in de avond nog uren naar een scherm kijken. Voor telefoons, tablets en computers zijn er tegenwoordig programma's die het blauwe licht dat het beeldscherm uitstraalt verminderen. Zo kun je 's avonds doorwerken zonder dat je je melatonine-aanmaak blokkeert. Het is dus zaak niet alleen onze fysieke omgeving aan te passen, maar ook onze digitale omgeving, waar we steeds meer tijd doorbrengen. Wie eenmaal een programma heeft geïnstalleerd dat de kleur van het licht aanpast aan het tijdstip van de dag, heeft zijn beeldscherm aangepast op het dag-en-nachtritme waar onze bioritmen evolutionair op zijn afgestemd.

Maak er een gewoonte van om in de slaapkamer geen apparaten te plaatsen die het zenuwstelsel extra activeren. Zet geen computer, laptop of televisie in de slaapkamer. Het oplaadpunt voor je mobiele telefoon moet niet op je nachtkastje maar ergens in de woonkamer zijn. Zo zorg je voor een prikkelarme omgeving die je makkelijker laat inslapen.

Seks is de uitzondering op de regel dat voor het slapengaan heftige prikkels vermeden moeten worden. Ja, seks is een matig intensieve lichamelijke activiteit waarbij de hartslag en de bloeddruk worden verhoogd, maar anders dan bij de gebruikelijke stressreactie worden die delen van de hersenen geprikkeld die een gevoel van plezier en voldoening opwekken. Ook komen er hormonen zoals prolactine en oxytocine vrij, die je slaperig maken. De veelgehoorde klacht dat mannen na de daad direct in slaap vallen heeft dus een biologische verklaring.

Sinds mensenheugenis werden wij 's ochtends wakker wanneer het licht werd. Hoe anders dan de dageraad zijn onze mechanische wekkers die geen licht produceren, maar lawaai. Dit is heel onlogisch en kan alleen worden verklaard omdat de wekker eerder is uitgevonden dan dat wij elektrisch licht konden maken. De klassieke wekker is een apparaat met twee grote bellen erop dat je 's avonds moet opwinden zodat het 's ochtends luid rinkelend over het nachtkastje danst. Het is de macht der gewoonte dat het ontwerp van de wekker nooit is veranderd. Zelfs toen er kunstlicht werd uitgevonden bleef de wekker een apparaat dat in de ochtend voor hoempapa zorgt.

Tot enkele jaren geleden. Nu zijn er wekkers die het gebruikelijke dag-en-nachtritme nabootsen. Wekkers die 's ochtends licht geven dat steeds feller wordt. Zo gaat je lichaam hormonen zoals cortisol aanmaken – het hormoon van de dageraad – die de melatonine-aanmaak remmen terwijl je nog slaapt, waarna je gewekt wordt zoals mensen al sinds jaar en dag gewekt worden.

Je kunt je slaapkamer ook uitrusten met lichte gordijnen. Dat werkt 's zomers heel goed, al verschuift in die maanden het tijdstip waarop je wakker wordt. 's Winters is een lichtwekker essentieel, omdat je anders pas om tien uur lichamelijk bent ingesteld om te gaan werken.

Nog een hulpmiddel waarmee je je slaapkamer kunt inrichten is een apparaat dat je slaapritmes registreert terwijl het bij je in bed ligt. De bekendste zijn apps op je smartphone. Zij registreren het slaapritme aan de hand van de beweegpatronen.

De smartphone zou je kunnen wekken op een moment dat je in een lichte fase van je slaapcyclus verkeert. Maar let wel: keurig op tijd opstaan is er dan niet altijd meer bij. Een ander nadeel is dat je alsnog een beeldscherm in je slaapkamer hebt en dat je nog steeds met een hard geluid wordt gewekt. Vergeet trouwens ook niet om de signaalfunctie van het berichtenverkeer uit te zetten.

CHILLEN OP DE BANK

Onze huizen zijn gerieflijker dan ooit tevoren. Moesten voorgaande generaties nog zelf kolen scheppen en vuren stoken om de woonkamer warm te maken, tegenwoordig houdt onze centrale verwarming het huis op een constante temperatuur. 20 graden is het in de meeste Nederlandse woonkamers. Ons lichaam is echter niet geëvolueerd om te functioneren in een omgeving waar het constant 20 graden is. Dat kwam vroeger gewoonweg niet voor. Ons lichaam is erop ingesteld dat het af en toe goed koud en goed warm kan zijn.

Mensen zijn warmbloedige dieren. Ons lichaam heeft een kerntemperatuur van 37 graden en die wordt constant gehouden door onze stofwisseling. Je moet energie vrijmaken om je lijf warm te houden, tenminste in een koele omgeving zoals in Nederland. In een tropische omgeving moet je juist energie steken in het koelen van je lijf door te zweten en veel bloed door de huid te laten circuleren.

Energie vrijmaken kan gebeuren door suikers en vetten te verbranden in de spieren. Dat kan op een laag pitje zonder dat de spieren samentrekken, maar als er meer warmte nodig is ook door te rillen. Om ons lichaam warm te houden hebben we behalve onze spieren ook een speciaal weefsel tot onze beschikking: bruin vet. Bruin vet heet zo omdat het onder de microscoop een bruine kleur heeft door de vele mitochondriën die het bevat. Dat zijn delen van de cel waar suikers en vetten met behulp van zuurstof worden verbrand en energie en warmte vrijkomen. Bruin vet kan zo helpen om ons teveel aan vet en suikers te verbranden.

Als baby hebben we veel bruin vet. We hebben dat nodig om warm te blijven; een baby heeft een relatief groot oppervlak om warmte te verliezen ten opzichte van zijn kleine inhoud. Naarmate we groter worden wordt het bruine vet minder, wellicht omdat we door toenemende lichamelijke activiteit, door spierarbeid dus, suikers en vetten verbranden en er warmte vrijkomt. Maar wetenschappers vermoeden dat de hoeveelheid bruin vet extra achteruitgaat omdat we altijd binnen zitten in een omgeving waar het constant 20 graden is. Dan heb je het gewoonweg niet nodig. En dan geldt, zoals in *Oud worden zonder het te zijn* is uitgelegd, het adagium 'use it or lose it'.

Uit recent onderzoek blijkt dat je de hoeveelheid bruin vet in je lichaam kunt opvoeren. Door je lichaam af en toe aan temperatuurschommelingen bloot te stellen kun je het aanmaken van bruin vet stimuleren, een extra argument voor hen die zweren bij koud douchen. Zij hebben het daardoor minder snel koud.

Waarom zo'n interesse in dat bruine vet terwijl de meesten van ons toch niet naar de Noordpool verhuizen? Van de energie die we op een dag nodig hebben – ongeveer 2000 kcal voor vrouwen, 2500 kcal voor mannen – is driekwart bestemd voor gewone maar essentiële lichaamsprocessen zoals ademhalen, het kloppen van het hart, de stofwisseling, en het op temperatuur houden van je lichaam. Aha, hier komt het bruine vet om de hoek kijken. Ook iemand die de hele dag in bed ligt heeft deze energiebehoefte.

Mensen verschillen in de hoeveel suikers en vetten die ze in hun spieren en bruine vet verbranden als ze niets doen: ieders basale stofwisseling is anders. Daarom kunnen sommige mensen meer eten dan anderen zonder dik te worden, terwijl ze evenveel lichamelijke activiteit vertonen. Gemiddeld wordt slechts een kwart van de stofwisseling gebruikt voor onze dagelijkse, lichamelijke activiteiten. Voor velen is het een verrassing dat je zoveel van je dagelijkse energie-inname nodig hebt om het lichaam als machine te onderhouden, maar het verklaart wel waarom het zo moeilijk is om door sporten af te vallen en zo makkelijk is om aan te komen door te veel eten. Een kilo vet verbranden kost 9000 calorieën, dus reken maar uit, dat vereist 18 dagen dubbele lichamelijke activiteit.

Met bovenstaande kennis kunnen we ons voordeel doen. Wie de kamerthermostaat iets lager instelt moet meer energie verbranden om warm te blijven. Je hoeft niet te rillen van de kou, maar je moet het wel als fris ervaren in huis. Dat stimuleert de aanmaak van bruin vet en zet de stofwisseling aan. Wie de thermostaat een graad lager instelt verbrandt dus iedere dag extra calorieën. Al die kleine beetjes extra lopen in 365 dagen op tot veel calorieën en kunnen helpen om op een gezond gewicht te blijven. Daarnaast helpt het lager zetten van de thermostaat om beter te slapen, en ook is het een goede gewoonte om een laagje minder aan te doen, ook 's nachts. Zorg voor een dunner dekbed, of stop met het dragen van een pyjama. In een frisse slaapkamer slaap je ook beter.

Als je dikker bent, dan isoleer je in feite de kern van je lichaam beter en hoef je minder energie te besteden om het warm te houden. Dat is een van de redenen waarom het moeilijker is om af te vallen wanneer je dikker bent. Daar staat tegenover dat je meer calorieën verbruikt om je voort te bewegen wanneer je zou bewegen, maar die extra inspanning is juist de reden waarom de meeste dikke mensen minder bewegen.

Het is goed om het af en toe koud te hebben. Maar onderzoekers denken ook dat het weleens goed zou kunnen zijn om het af en toe warm te hebben. Een 'heat shock' geeft een lichamelijke stressreactie waarbij speciale eiwitten aangemaakt worden. In het laboratorium en met dierproeven is aangetoond dat die belangrijk zijn voor het repareren van andere gehavende eiwitten in cellen en weefsels, en het opruimen daarvan wanneer deze onherstelbaar beschadigd zijn. Cellen die in een petrischaaltje in het laboratorium af en toe tot 41 graden worden opgewarmd lopen minder snel verouderingsschade op. De conclusie is dat blootstelling aan extreme omstandigheden weliswaar gevaren met zich meebrengt omdat er schade ontstaat maar dat tegelijkertijd het lichaam wordt aangezet tot reparatie en herstel. Een beter vermogen tot reparatie en herstel vertraagt de snelheid van veroudering.

De woonkamer is van oudsher de plek waar de thermostaat wordt opgehangen. Die kamer wordt ingericht om comfortabel te kunnen zitten. Daar kijken Nederlanders alleen al drie uur per dag televisie en dat gemiddelde neemt steeds verder toe. Nu is het moraliserend om op te roepen de tv de deur uit te doen, maar het is wel een zinnig idee om de televisie te 'verstoppen'. In een kast, achter een deur, onder een tafel, het maakt niet uit. Het gaat erom dat mensen hierdoor minder kijken, en dus minder verleid worden om te gaan zitten, zonder dat zij hun favoriete programma's hoeven te missen.

De televisie uit het zicht maakt dat je vaker nadenkt over alternatieve – actievere – activiteiten. De zaken die je daarvoor nodig hebt moet je dan juist een prominente plek in de huiskamer geven. Eigenlijk zou je de hobbykamer moeten leeghalen en al die spullen in de woonkamer zetten. Speel je graag gitaar? Zet je gitaar in de woonkamer. Vind je het leuk om te naaien? Zet de naaimachine op een centrale plek zodat je erover struikelt. Speel je graag pingpong? Maak van je eettafel een pingpongtafel met een opzetnetje. Hou je van schilderen? Richt een hoek van de woonkamer in met je ezel en je schildersspullen. Hou je van fitness 's avonds? Zet het roeiapparaat in de kamer. Je wordt niet alleen actiever met al deze hobbyspullen om je heen, je wordt er ook blij van.

Een vriend die erg van drummen houdt had zijn drumstel op zolder staan. Toen drumde hij een, maximaal twee avonden per week. Sinds een maand of twee heeft hij een elektrisch drumstel in de woonkamer staan en drumt hij bijna elke avond, hij zet zijn koptelefoon op en gaat even lekker los op het drumstel. Om gezond oud te worden moeten we buiten meer ravotten en binnen meer spelen. Dat kan door onszelf te verleiden en ons met speelgoed te omringen.

Een herinrichting van de woonkamer kan ons helpen om actiever te worden, maar helpt ook om minder te eten. De keuken is de plek waar we ons eten bereiden, maar het opeten ervan gebeurt meestal in de woonkamer. De woonkamer is ook de plek waar we 's avonds snacken. De woonkamer krijgt zo naast de functie om te ontspannen ook die van eten en snacken. Vroeger waren die functies door verschillende kamers gescheiden. De moderne manier van bouwen, de versmelting van de woon- en eetkamer, vaak tot en met de keuken kan gevolgen hebben voor ons eetpatroon. Een recente studie heeft laten zien dat mensen die zich met meer etenswaren omringen, koektrommels, snoeppotten, kastjes met etenswaren, dikker zijn dan mensen die dat niet doen. De kunst is dus: probeer het eten in de keuken te houden of laat het in volume en tijd met stukjes en beetjes doordringen tot in de woonkamer. Wie de pannen met eten op tafel zet eet meer dan wie in de keuken opschept. Wie 's avonds op de bank een zak met chips naast zich zet eet meer chips dan wanneer hij in de keuken een bakje heeft gevuld. Wie bij de koffie een koekje op het schoteltje legt eet minder koekjes dan iemand die een trommel met koekjes op de salontafel heeft staan. Het klinkt allemaal zo truttig, jazeker, maar het werkt wel. Omgekeerd kan je de dingen waar je meer van wilt eten prominent in de woonkamer neerzetten. Een fruitschaal moet in het zicht, het liefst naast de televisie. We kijken immers gemiddeld drie uur per dag die kant op.

De huidige woonkamer is niet de ideale plek om als vanzelfsprekend verleid te worden tot gezond gedrag. We moeten onszelf daarom verleiden om de woonkamer uit te gaan, bijvoorbeeld door bij een verbouwing te kiezen voor openslaande deuren naar de tuin. Je zult dan vaker even je tuin in lopen. Van nature leven mensen buiten, met regelmatige blootstelling aan zon, wat helpt om het dag-en-nachtritme te synchroniseren. Maar sinds mensen niet meer op het land hoeven te werken om hun dagelijkse kost bij elkaar te scharrelen leven we hele dagen teruggetrokken in een kunstmatige omgeving. Daarvan raken onze bioritmen in de war.

De zon is lange tijd verguisd vanwege de verhoogde kans op huidkanker. Te veel zonlicht is inderdaad niet goed, je wordt er bovendien rimpelig van, maar op dit moment worden er ook veel mensen te weinig aan zon blootgesteld. Zonlicht heeft veel positieve effecten op het lichaam. Het stimuleert de aanmaak van serotonine, waardoor je je gelukkig en energiek voelt. Er zijn mensen die zo gevoelig zijn voor dit effect dat zij 's winters, wanneer er veel minder zonlicht is, leiden aan depressies. Dokters noemen dit een 'seasonal affective disorder', toepasselijk afgekort als SAD. Ook bij mensen die niet leiden aan SAD heeft zonlicht een belangrijk effect op hun humeur. De meeste mensen kunnen zich bij een vakantie zonder zon niets voorstellen. Mogelijk zouden sommige mensen met wat extra zonlicht zelfs van de antidepressiva afgehouden kunnen worden. Lichttherapie is in Scandinavië voor velen een beproefd recept om ongeschonden de wintermaanden door te komen.

Serotonine maakt je niet alleen gelukkig, het onderdrukt ook je eetlust. Met warm weer hebben we minder trek en eten we minder, omdat we meer buiten zijn, meer zonlicht opvangen en dus meer serotonine aanmaken.

In de zon maken we in onze huid vitamine D aan. Vitamine D is de enige vitamine waar veel mensen een tekort aan hebben, vooral gedurende de winter, omdat we dan te weinig buiten komen. Dokters zoeken te vaak in een medische reflex de oplossing voor ons binnen zitten in vitamine D-tabletten. Met name oudere mensen met osteoporose, botontkalking, krijgen ze voorgeschreven. Vitamine D is belangrijk voor de opname van calcium en de aanmaak van sterke botten, maar zon doet meer. Zonlicht verlaagt de bloeddruk en is goed voor spieren en gewrichten. Veel mensen met reumatische klachten hebben meer last in koude streken en merken dat zij op vakantie in een warm zonnig land veel minder klachten hebben.

Er dan nog over de gevaren van zonnen: je krijgt er kanker van. De huidkanker die je van zonnen krijgt is het basaalcelcarcinoom, een aandoening die eigenlijk zelden of nooit uitzaait, en goed te behandelen is wanneer je er op tijd bij bent door de aangedane plek operatief te verwijderen. Wanneer die op je neus of hoofd zit laat dat wel littekens achter. Voldoende reden om je goed in te smeren. Er zijn veel dodelijker vormen van huidkanker, zoals melanomen, kwaadaardige moedervlekken. Deze komen echter niet vaker voor bij mensen die veel in de zon zitten. En er zijn aanwijzingen dat zonlicht voor andere vormen van kanker, waaronder borstkanker en dikkedarmkanker juist beschermend werkt.

Hoe je van het dagelijkse vervoer een gezondere routine kunt maken – zelfs als je al dagelijks fietst.

7
HET DAGELIJKS VERVOER

LACHEND LANGS DE FILE

Veel mensen reizen iedere dag naar hun werk of naar school. Die reis is een uitgelezen kans om meer beweging in onze dagelijkse routine in te bouwen. Wij denken dat bijna iedereen een deel van deze reis actief kan maken. Dat levert heel veel gezondheidswinst op, omdat deze reizen iedere dag herhaald worden en de daarmee gepaard gaande kleine verbeteringen uiteindelijk een groot resultaat opleveren.

Ongeveer 2,5 miljoen mensen wonen op minder dan 7,5 kilometer van hun werk. Toch komt slechts een kwart daarvan op de fiets, meer dan de helft pakt voor dat kleine stukje de auto.

Ook voor mensen die nu al voor een deel actief reizen is er winst te halen. Velen van ons fietsen naar hun werk omdat het zo efficiënt is, ongeveer drie keer efficiënter dan lopen. Maar ons leven is al zo efficiënt. Per kilometer wandelen verbrand je ongeveer 60 kcal terwijl je per kilometer fietsen slechts 20 kcal verbrandt. Wie dus op vijf minuten fietsen van zijn werk woont zou winst kunnen halen door iedere dag naar zijn werk te lopen, wat niet meer dan een kwartiertje zal kosten.

Voor elk vervoermiddel is er een actiever, gezonder alternatief. Wie nu nog met brommer, auto of openbaar vervoer gaat doet er goed aan om, in ieder geval voor een deel, met de fiets te gaan. Onderzoek laat zien dat mensen die iedere dag naar hun werk fietsen jaarlijks 40 procent minder kans hebben om te overlijden, en daarin is de kans op ongelukken meegerekend.

Wie te ver woont om op de fiets te komen zou een E-bike kunnen overwegen. De E-bike is een uitstekend alternatief voor de brommer of de auto maar een heel slecht alternatief voor een gewone fiets. Een E-bike moet je gebruiken voor verplaatsingen waar je anders de auto, brommer, tram of bus voor zou gebruiken. Maar weet wel dat je als je eenmaal een E-bike hebt, je hem gaat gebruiken wanneer je vroeger met de fiets zou gaan. Net zoals je een auto gaat gebruiken op het moment dat hij voor de deur staat. Waar je vroeger gewoon fietste, ook als je een beetje moe was of als het motregende, pak je dan de auto. Je kunt ervan op aan: als er een auto of E-bike in je omgeving staat, zal die je weten te verleiden.

Veel mensen die iedere dag met de auto naar hun werk gaan zeggen geen alternatief te hebben. Ze wonen te ver weg, er is in hun dorp geen openbaar vervoer of ze doen er met het openbaar vervoer veel langer over. Ook deze mensen zouden een deel van hun reis actief kunnen maken. Bijvoorbeeld door naar een nabijgelegen dorp te fietsen waar wel openbaar vervoer is.

Eén van onze collega's horen we iedere ochtend klagen dat hij er weer twintig minuten over heeft gedaan om vanaf de A4 de binnenstad van Leiden te bereiken. Elke dag opnieuw sluit hij in de file aan om vervolgens zuchtend en steunend de laatste twintig minuten stapvoets door het centrum te rijden. Zou het voor hem geen aantrekkelijk alternatief kunnen zijn om een fiets aan de rand van de stad te parkeren en vervolgens iedere dag fluitend de file voorbij te rijden, zodat je dat deel van je dagelijks noodzakelijke beweging alvast binnen hebt? Dat je ook nog elf euro parkeergeld uitspaart is helemaal mooi meegenomen.

Wie gaat verhuizen zoekt vaak een huis op een plek van waaruit iedereen in het huishouden makkelijk op zijn werk komt. Toen ik – David – vorig jaar wilde verhuizen zag ik een huis vlak bij station Den Haag Centraal. Mijn eerste reactie was: 'Ideaal!' Uiteindelijk kochten we een huis dicht bij het strand, op vijftien minuten fietsen van het station. Dat is dubbel winst: meer fietsen en vaker lopen op het strand. Dit soort bewuste beslissingen over de (her)inrichting van je leven moet je benutten om gezonde keuzes te maken.

Gemeenten kunnen ook een bijdrage leveren om ons gezond te laten kiezen. Elke gemeente wil graag bereikbaar zijn. Goede parkeervoorzieningen aan de rand van de stad met fietsenstallingen kunnen hierbij helpen. Huurfietsen zijn een goede manier om de binnenstad te ontsluiten voor bezoekers die niet dagelijks naar de stad komen. Wie met de trein reist kan tegenwoordig op bijna elk station voor de prijs van een tramkaartje vierentwintig uur lang een OV-fiets huren. Voor wie met de auto een stad bezoekt zijn die mogelijkheden nog helemaal niet ontwikkeld.

FIETS VAN DE ZAAK

Ook werkgevers kunnen investeren in gezonde, duurzaam inzetbare werknemers door het fietsgebruik te stimuleren. Helaas doen veel werkgevers het omgekeerde: zij stimuleren autobezit met leaseconstructies voor hun werknemers. Meer dan 700 000 Nederlanders hebben een leaseauto. Niet alleen wordt het bezit van de auto door veel bedrijven gestimuleerd, ook het gebruik ervan wordt aangemoedigd. Met speciale passen kan er gratis getankt worden, soms door heel Europa. Wie met de auto naar een klant gaat krijgt per kilometer een vergoeding. Als hij met de fiets zijn klanten bezoekt krijgt hij niets. Die prikkel is verkeerd. Zo kweek je ongezonde werknemers. Over groen en duurzaam hebben we dan nog niet gesproken.

Vroeger had je het fietsenplan, waarmee werknemers een rijwiel konden aanschaffen dat betaald werd uit hun brutoloon. Die regeling is inmiddels vervallen omdat de staat daardoor minder belasting ontvangt. In de praktijk zullen daardoor minder mensen een nieuwe fiets aanschaffen.

Wie gezonde werknemers wil doet er goed aan om het bezit van een fiets en het gebruik ervan te stimuleren. Dit kan bijvoorbeeld door te zorgen voor een goede fietsenstalling bij het bedrijf, voor kleed- en doucheruimte op het werk met kluisjes om je spullen in op te bergen, voor een fietspomp, reparatiesetjes en regenpakken, en oplaadpunten voor elektrische fietsen. Dit is nudgen. Je vertelt het wel, maar je verplicht het niet en je beslist niet voor mensen wat ze moeten doen, maar je verleidt werknemers tot gezond gedrag door bepaalde opties aantrekkelijker te maken dan andere.

Onderzoek heeft laten zien dat de sterkste prikkel om mensen tot fietsgebruik te stimuleren het invoeren van betaald parkeren is. Wie als werkgever populair wil blijven en strategisch denkt, kan het tumult onder de werknemers beter voor zijn en een positief alternatief formuleren om hen op de fiets te krijgen. In Parijs zijn er werkgevers die bonussen per gefietste kilometer uitbetalen. Bedrijfsfietsen die eenvoudig te lenen zijn kunnen werknemers ook stimuleren om de auto te laten staan.

Veel bedrijven hebben carpool-borden waarop autoreizigers elkaar kunnen vinden. Het zou goed zijn om daarnaast, of in plaats daarvan, fietspool-borden op te hangen. Samen fietsen is leuker en dat verlaagt de drempel om na een lange dag werken de fiets te pakken. Bovendien kan het profijtelijk zijn om dan over de dag na te praten. Dat leidt naast de directe gezondheidseffecten ook nog eens tot informatie-uitwisseling, afstemming en collegialiteit. Het zijn de kleine dingen die ertoe doen en die de arbeidsproductiviteit en tevredenheid over het bedrijf bevorderen.

Veel mensen fietsen elke dag dezelfde route. Dat is geen bewuste keuze en geen dagelijkse afweging, dat is routine. Vaak is die route verkozen omdat die de snelste is. Het kan goed zijn om nog eens te kijken of er wellicht een alternatieve route is die veel aangenamer is en aldus het verlies van een beetje extra tijd ruimschoots compenseert. Langs een minder drukke weg bijvoorbeeld, dwars door het groen. Als de route dan iets langer is, vind je het niet erg, juist wel goed. Dingen die leuk zijn of aangenaam houd je langer vol en daarom loont een aangename route.

Ook kan het goed zijn om eens te kijken of je gebruikelijke fiets- of wandelroute leidt langs veel gelegenheden waar je verleid wordt om snacks te kopen, of eettentjes. Veel mensen gaan snacken wanneer zij aan het einde van de dag naar huis gaan. Velen hebben inmiddels een flinke trek ontwikkeld. In plaats van nu iedere dag de verleidingen te moeten weerstaan kan het goed zijn om een andere route te kiezen. Besef wel dat het inmiddels geen zin meer heeft om de achter- in plaats van de hoofdingang van het station te kiezen. Alle kanten van het station zijn tegenwoordig strategisch volgebouwd met allerlei lekkernijen, als waren het reepjes bij de kassa. Ondernemers weten maar al te goed wanneer het lichaam van de reiziger trek heeft en wat er onder die omstandigheden goed verkocht zal worden.

Hoe je van je werkplek een omgeving maakt die gezonder is dan driemaal per week naar de sportschool gaan.

8
OP HET WERK

EEN SLIMME BAAS INVESTEERT IN GEZONDHEID

Bijna zeven miljoen mensen in Nederland brengen iedere dag acht of negen uur door op hun werk. Voor de meeste mensen is dat niet een omgeving die verleidt tot het maken van gezonde keuzes. Dat maakt de werkplek juist een gelegenheid waar veel extra volksgezondheid te halen is. Hier doen zich talloze mogelijkheden voor om gedurende de dag meer te bewegen, gezonder te eten, te stoppen met roken, minder stress te ervaren en meer sociale contacten op te doen. Bedenk dat werkgever en werknemer dezelfde belangen hebben. Een gezonde werknemer is minder vaak ziek thuis, productiever en creatiever. Hij voelt zich beter, heeft minder mankementen en leeft langer.

Veel werkgevers realiseren zich de voordelen wel maar weten soms niet goed hoe ze de gezondheid van hun werknemers in de praktijk zouden kunnen verbeteren. Nog te vaak is het beleid van bedrijfsartsen enkel gericht op herintegratie van werknemers die deels of geheel ziek zijn gemeld. Hierbij worden de energie, de tijd en het geld vooral gestoken in de

5 tot 10 procent van de werknemers die uitgevallen zijn. Te weinig bedrijven hebben naast de zorg voor zieke werknemers ook een actief beleid geformuleerd om alle werknemers, ook zij die niet ziek zijn, *gezond te houden*. En dus wordt 95 procent van de werknemers niet bereikt. Bedrijven die wel beleid hebben ontwikkeld voor gezonde werknemers komen vaak niet verder dan korting op een abonnement voor de sportschool, het subsidiëren van fruit en salades in de kantine, en af en toe een lezing over gezond werken. Op deze bijeenkomsten worden doorgaans alle bekende geboden en verboden maar weer eens uit de kast gehaald. Alsof die een gunstig effect zouden sorteren...

Er zijn landen en bedrijven die een stap verder zijn, waar ook de werknemers die niet ziek zijn gecoacht worden, waar uitgebreide programma's en faciliteiten aanwezig zijn om beweging te stimuleren. Onlangs was ik – David – bij een Amerikaans biotechbedrijf waar werknemers vertroeteld werden omdat dat het bedrijf ten goede zou komen. Ze hadden zelfs therapeuten in dienst om de werknemers onder werktijd te masseren. Niet alleen hielp dit beleid het bedrijf om goede werknemers aan te trekken en hen productief te houden, het had ook onverwachte neveneffecten. Zo vertelde het management mij dat er veel minder bedrijfseigendom werd gestolen sinds het nieuwe gezondheidsprogramma was gelanceerd. Dat lijkt vreemd, maar de verklaring was er een van wederkerigheid. Wanneer een bedrijf goed voor zijn medewerkers zorgt, zullen diezelfde medewerkers minder geneigd zijn om iets van het bedrijf te ontvreemden. Dit soort programma's brengt uiteraard wel kosten met zich mee, maar de Amerikanen zouden geen Amerikanen zijn als zij de kosten-batenanalyse niet zouden hebben doorberekend. Zij hadden allang berekend dat ze voor iedere dollar die ze investeerden in de gezondheid van hun werknemers vier dollar terugkregen: door gestegen productiviteit, creativiteit en verminderd ziekteverzuim. 'Weet u *wat* duur is?' vroegen ze mij, en zonder af te wachten gaven ze direct het antwoord: 'Een werknemer die acht maanden thuiszit!'

Zeker nu werknemers langer kunnen, moeten en mogen doorwerken is er onder werkgevers een groeiende interesse ontstaan in hoe zij hun werknemers langer gezond en productief kunnen houden. Dat kan onder andere door de werkomgeving zo aan te passen dat medewerkers verleid worden tot gezondere keuzes. Als er één knop is die om moet, dan is het wel dat je je met vijftig jaar in het voorportaal van de pensionering zou bevinden. Het is een feit dat er dan in Nederland wettelijk nog ten minste zeventien arbeidzame jaren voor je liggen. In vele landen buiten Nederland is er geen wettelijke, op 65- of 67-jarige leeftijd gebaseerde ontslaggrond. Voor hen is vijftig jaar een moment om je te oriënteren op je tweede carrière. Aandacht, reflectie, bereidheid en actie zijn geboden, van zowel de werkgever als de werknemer.

DODELIJKE WERKPLEKKEN

Voor veel mensen bestaat hun werkomgeving uit een bureau en een stoel. Twee miljoen mensen in Nederland hebben een zittend beroep. Na een hele ochtend zitten kijken we uit naar de lunch, die we wederom zittend genieten. Daarna zitten we dan nog vier uur voor we in de auto naar huis rijden. Onze Arbowet schrijft voor hoe onze werkplek eruit moet zien. De gedetailleerdheid van de voorschriften verbaast iedere buitenstaander.

Een stoel moet instelbaar zijn tussen de 39 en 51 centimeter, een tafel moet tussen de 74 en 76 centimeter hoog zijn, enzovoorts. Deze wet garandeert iedereen een dodelijke werkplek, omdat werknemers op deze plek ongezond oud worden. Wie jarenlang op deze werkplek verblijft heeft ongetwijfeld lagerugpijn ontwikkeld, een buikje, een hoog cholesterolgehalte, een slechte suikerhuishouding en een verhoogd risico op hart- en vaatziekten en diabetes. Het kan anders: *hef deze dodelijke werkplekken op.*

Met een zit-stabureau kun je de hoogte van het werkblad eenvoudig verstellen zodat je zittend werk op een eenvoudige manier met staand werk kan afwisselen. Staand werken is intensiever dan zittend werken. Je stofwisseling, bloeddruk, spiermassa, botten en gewrichten worden er gunstig door beinvloed. Staand werken is vermoeiender maar wel langdurig vol te houden, zo drentelend voor je bureau.

Ook voor mensen die al overgewicht of gewrichtsklachten hebben ontwikkeld is staand werken een realistischer alternatief voor zitten dan hardlopen op de lopende band in de sportschool. Voor mensen met lagerugpijn of een hernia is het zelfs de voorkeurstherapie. Bijna iedereen kan staand werken, je moet er gewoon aan beginnen en medisch gezien zijn er eigenlijk geen redenen om het niet te doen. Er zijn ook bureaus waarachter je op een hometrainer kunt zitten. Een oplossing voor mensen die liever zouden willen fietsen dan staan.

Op oude gravures en schilderijen zie je vaak studenten en professoren staande lezen in de universiteitsbibliotheek. En denk bijvoorbeeld eens aan alle drukkers, zetters en technisch tekenaars die in de generatie voor ons werkzaam waren. Al deze mannen en vrouwen deden staande hun werk. Wanneer zijn we opgehouden dat te doen, en waarom? Niemand die het echt weet. Het is ons gewoon overkomen.

Wie binnen het bedrijf als eerste staande gaat werken kan rekenen op de nodige opmerkingen van collega's, zo weten wij uit ervaring. Cultuur, context is heel belangrijk voor de acceptatie van gezondheidsbevorderend gedrag op het werk. Maar die cultuur kun je zelf mede vormgeven. Na een jaar pionieren had bijna iedereen bij ons op kantoor een stabureau zonder dat wij dat actief hadden gepromoot. Collega's staande zien werken was voldoende om de anderen over de streep te trekken. Een goed voorbeeld hoe juist ook sociale prikkels het gedrag van anderen kunnen beïnvloeden.

Een andere manier om het fatale zitten te onderbreken is om vergaderruimtes anders in te richten. Als er stoelen en tafels in een vergaderkamer staan, dan gaan mensen zitten. Maar als er een grote statafel aanwezig is, dan zullen mensen zonder bezwaar staande vergaderen. Dat is niet alleen goed voor je gezondheid, het is ook efficiënter. Veel mensen vinden vergaderingen saai. Staand vergaderen is een manier om de vergadering in te korten, want wetenschappelijke studies concluderen dat staand vergaderen gemiddeld 34 procent tijdwinst oplevert. De beslissingen die tijdens de vergaderingen genomen werden zijn blind geëvalueerd door panels. Die concludeerden dat de resultaten bij zittend en staand vergaderen even goed waren. We voegen hier nog een eigen observatie aan toe. Wanneer wij gasten ontvangen vragen wij steevast of we het gesprek staand of zittend zullen voeren. De staande gesprekken ervaren wij als levendiger en scherper.

De inrichting van het gebouw bepaalt sterk hoe medewerkers zich door het bedrijf verplaatsen. In gebouwen met een zichtbare trap, eentje die niet achter een deur verstopt is, nemen veel meer mensen de trap. Dat geldt ook voor gebouwen waar de trap niet de achteraf gelegen in beton uitgevoerde, wettelijk noodzakelijke voorziening is, maar de centrale positie inneemt en aantrekkelijk is door kleur, kunst of planten. De bewegwijzering in gebouwen moet ook primair op de trap gericht zijn. De lift zou in een hoek moeten worden weggewerkt, als een voorziening voor mensen die om lichamelijke redenen niet met de trap kunnen. Nu is het andersom: alle receptionisten en bordjes wijzen naar de lift en de trap is een noodvoorziening waar je naar moet zoeken.

Door gebouwen anders in te richten krijg je werknemers meer in beweging. Korte traploopmomenten verzetten de zinnen, lossen de *after lunch*-dip op, en geven belangrijke gezondheidswinst. Trap op train je je spieren, en trap af kweek je sterke botten door de belasting. De insulinegevoeligheid wordt er aantoonbaar door verbeterd.

In een gezondheidsbewust gebouw kunnen ook ruimtes ingericht worden om te sporten. Veel mensen hebben moeite om te beginnen met sport, maar wanneer het eenmaal zover is knappen ze er geestelijk en fysiek erg van op.

Er zijn vooruitziende bedrijven die daarbovenop ook nog sociale prikkels inzetten. Zij geven hun werknemers stappentellers en organiseren competities tussen afdelingen.

De kantine is nu in bijna alle kantoren een ruimte met veel tafels en stoelen. Er is vaak geen keuze. Je kunt niet aan de bar hangen, er zijn geen statafels. Waarom zou je na vier uur zitten niet even de benen willen strekken? Het liefst door buiten een wandeling te maken. Veel mensen die een lunchwandeling maken, vinden het fijn om even in de frisse lucht te zijn en de zinnen te verzetten. Omdat psychische stress een van de belangrijkste risicofactoren is op het werk is lunchwandelen niet alleen goed voor het lichaam maar ook voor je hoofd, als je daar al een onderscheid tussen zou willen maken. Iedere afwisseling die de dagelijkse routine doorbreekt helpt. Een bedrijf kan dit stimuleren door in de kantine lunchpakketten voor onderweg te verkopen, door routes rondom het bedrijf uit te zetten, wandelclubs op te richten, of paraplu's ter beschikking te stellen.

Er is nog een andere reden om juist in de lunchpauze te gaan wandelen. Als je onderweg een broodje eet, worden de suikers, vetten en voedingsstoffen uit het broodje opgenomen in de bloedbaan. Omdat je tegelijkertijd je spieren gebruikt, wordt een deel van deze voedingsstoffen direct door je spieren verbruikt. Zo voorkom je hoge bloedsuikers die je behalve een after lunch-dip ook nog eens vaatschade opleveren. Het is niet alleen belangrijk om iedere dag een wandeling te maken, ook het moment van de wandeling telt. Na het eten is bewegen effectiever dan ervoor.

In plaats van wandelen kun je ook staand eten. Dat klinkt niet voor iedereen aantrekkelijk, maar een feestelijke ruimte met receptietafels vindt niemand gek. Neem als voorbeeld het *walking dinner*, dat tegenwoordig menig bedrijfsfeest opluistert. Het zou op zijn minst mogelijk moeten zijn om staand te eten. Het is bovendien socialer omdat je makkelijker bij iemand aanschuift; het hele idee achter een receptie is daarop gebaseerd. Je kunt ook na het eten gaan staan. Net als bij het lopen na de maaltijd laat onderzoek zien dat door te staan tijdens of na het eten de pieken in het bloedsuiker minder hoog zijn.

Het hoeft niet te verbazen dat de inrichting van de kantine bepaalt wat er wordt gegeten. Restaurateurs die buffetten aanbieden met een *all you can eat*-concept maken daar dankbaar gebruik van. Let maar eens op: die dinerbuffetten beginnen nooit met biefstuk of vis maar altijd eerst met de goedkope producten. Het stokbrood en de kruidenboter zijn de voordelige zaken waarmee we ons bord en maag vullen.

Er is geen reden waarom je geen kroket zou mogen serveren in de bedrijfskantine, maar uit gezondheidsoverwegingen lijkt het slim om eerst de salades en boterhammen aan te bieden. De frituur zou pas als laatste moeten komen, om de onbewuste keuzes van je medewerkers een zetje in de gezonde richting te geven. Dienbladen zijn uit den boze want daardoor eten mensen meer. Water aanbieden op de (sta)tafels in de kantine maakt een gastvrije indruk, en beperkt ook het aantal glazen fris of vruchtensap dat wordt gedronken.

In 2005 werd de nieuwe opera van Kopenhagen in gebruik genomen. Hier onderzochten wetenschappers hoe de manier van aanbieden effect heeft op de consumptie van appels en brownies. In de foyer, die symmetrisch van opzet is, stelden zij twee tafels op. Op de ene tafel stonden de brownies vooraan en de appels achteraan. Op de andere tafel stonden de appels vooraan, en bovendien waren er meer van, en waren ze in kwarten gesneden. Hierachter stonden de gehalveerde brownies. Van deze laatste tafel werden 84 procent meer appels en 30 procent minder brownies gegeten. Van deze kennis kan in positieve zin gebruik worden gemaakt in de kantine, maar ook tijdens borrels, vergaderingen en bij het plaatsen van frisdrank- en snackautomaten. Waarom zou je in die bestaande snackapparaten niet ook gezonde alternatieven aanbieden, en dan liefst op ooghoogte? Nog radicaler is het om de snackautomaten te vervangen door automaten met alleen maar gezonde producten, of nog beter: op het werk gratis fruit ter beschikking te stellen. Zo komen de werknemers tijdens kantooruren eenvoudig aan hun twee stuks fruit per dag. Alleen al door het fruit in het zicht neer te zetten zal het gegeten worden.

Veel werkgevers bieden op de werkvloer koffie en thee aan, uit kostenoverwegingen tegenwoordig meestal uit een automaat. Je ziet ook weleens mensen die een klein koffieapparaatje op hun kamer hebben, dat is makkelijk want dan hoef je niet steeds naar de automaat te lopen. Maar daarmee ontnemen zij zichzelf de prikkel om af en toe even te bewegen. Even opstaan en een stukje lopen voor je koffie is de beste lichaamsbeweging. Je hoeft er niet over na te denken, je gaat niet bewust even bewegen, nee, je gaat even koffie halen.

Het is uit de literatuur bekend dat een koffieapparaat een belangrijke sociale functie heeft, namelijk die van 'dorpspomp'. De functie van een apparaat als dit is het best onderzocht in Amerika. Daar zijn veel kantoren uitgerust met een *watercooler,* waar koud en heet water kan worden getapt. Dit bleek een plek te zijn waar veel mensen zaken met elkaar afstemden, nieuwe ideeën uitwisselden of elkaar op de hoogte hielden van actuele zaken. De voordelen van een dergelijke informele vergaderplek zijn groot.

Daarnaast heeft onderzoek aangetoond dat korte, actieve pauzes beter en efficiënter zijn dan lange pauzes. Een lange pauze líjkt aantrekkelijk: je bent er – gevoelsmatig – even helemaal uit, maar een korte pauze draagt net zo goed bij aan een verhoging van de concentratie en het verminderen van lagerugpijn en nekklachten. Korte pauzes hebben ook een gunstig effect voor het opslaan van nieuwe kennis. Waarschijnlijk is ons geheugen zo georganiseerd dat het informatie enkel in kleine beetjes kan opnemen en daarom hebben we tijd nodig om steeds weer nieuwe informatie op te slaan. Wellicht is de tijd dat we niet actief bezig zijn met kennisverwerving juist belangrijk om het geleerde op te slaan. Een goed kantoor heeft dus zo'n centrale ontmoetingsplek.

In veel kantoren staan potten met snoep, drop of chocola. In plaats van jezelf telkens te moeten overtuigen dat het beter is om te weigeren, kunnen we beter de potten uit onze kantooromgeving weren. Wie dat te ver vindt gaan kan de glazen snoeppot vervangen door een ondoorzichtige pot. In 2002 lieten onderzoekers zien dat je zo'n 50 procent meer snoep eet wanneer de zoetigheid in het zicht staat dan wanneer het in een bureaula ligt. Daarnaast toonden ze aan dat er tot drie keer minder snoep wordt gegeten als het snoep op een plek ligt waarvoor je van je stoel op moet staan.

De werkplek is een plek waar je uitgedaagd wordt, waar je moet bouwen of ideeën moet lanceren, waar je samen problemen moet oplossen en doelstellingen halen. Wellicht daarom zullen velen even met hun ogen knipperen wanneer je voorstelt om even te kunnen slapen in de baas zijn tijd. Wie zou dat goed vinden? Het antwoord zou moeten zijn: elke baas die gebaat is bij gezonde, blije, productieve, alerte en creatieve werknemers. *Powernaps* zijn de nieuwe koffiebreaks. Verschillende bedrijven hebben meubilair ontwikkeld waarin werknemers korte powernaps kunnen doen. Even liggen met ontspannende muziek kan ook zonder in te dutten nieuwe energie geven. Studies van vermoeide piloten en astronauten bij NASA laten zien dat powernaps van twintig tot veertig minuten heel goed helpen om de concentratie en alertheid te verbeteren. Werknemers voelen zich bovendien beter, en studies laten zien dat hun productiviteit met wel 40 procent kan stijgen.

Hoe je het heft in eigen handen kunt nemen om een gezondere openbare ruimte te creëren.

9
IN DE WIJK

BURGERLIJKE ONGEHOORZAAMHEID

De omgeving stuurt ons gedrag en bepaalt daardoor of we gezond oud worden of niet. De inrichting thuis kun je zelf bepalen. De omgeving op je werk kun je mee helpen inrichten. Maar de openbare ruimte? Daar gaat de gemeente toch over?

Vroeger wel. Maar burgers worden steeds mondiger en de overheid in Nederland treedt terug. Van reguleren naar faciliteren. Meer dan ooit hebben burgers de mogelijkheid om de inrichting van hun wijk en stad mede te bepalen. Op veel plekken gebeurt het al. Leiden krijgt nu het Singelpark, het langste stadspark van Nederland. Niet omdat een stedenbouwkundige dat een goed idee vond, maar enkele Leidse inwoners. Leiden krijgt het langste park van Nederland door een burgerinitiatief.

Het begon allemaal met een kwajongensidee. *Out of the box.* Het plan was dat rondom de singels een park zou komen dat de hele binnenstad zou omgeven. Grote delen waren al groen: de hortus, de oude sterrenwacht, het plantsoen. Hoe mooi zou het zijn om al dat groen als een lint van meer dan tien kilometer lang met elkaar te verbinden? De bewoners gingen praten. Met de hortus. Zou de hortus bereid zijn om een rol te spelen in het Singelpark door een deel open te stellen voor publiek? En de sterrenwacht? En zouden de Leidse burgers mogen wandelen door de – nu ongebruikte – tuin van een groot bedrijf langs de singel? Iedereen was enthousiast. De herontwikkeling van de oude meelfabriek werd bij het plan betrokken, een begraafplaats volgde. Het park groeide en groeide en de plannen omvatten nu de hele binnenstad.

De gemeente vond het een prachtig idee en nam een verstandig besluit; zij nam het idee niet over maar ging het plan faciliteren. De afdeling Groenvoorziening zou helpen met het onderhoud. Een terrein bij het station werd beschikbaar gesteld als tijdelijke kweektuin. Hier kunnen burgers bomen uit hun eigen tuin waar ze vanaf willen, aan de buurt doneren. Leidse bedrijven kunnen er een boom sponsoren. Inmiddels is er voor het park al een miljoenenbedrag bij elkaar gebracht. De conclusie is helder: je kunt als burger de openbare ruimte beïnvloeden, in ieder geval in Leiden. Met een goed idee kun jij de gemeente nudgen om daaraan mee te doen. Los daarvan kun je zelf al veel in je eigen straat bereiken, ook zonder tussenkomst van de gemeente. Wie houdt je tegen om een bankje voor je huis te plaatsen? Een simpele handeling als een bankje neerzetten kan er al voor zorgen dat je vaker buiten bent en meer contact hebt met mensen in de wijk.

In de wijk in Den Haag waar ik – David – woon is weinig groen. Ook de binnenplaats bij mij achter was eens bebouwd. Toen het oude gebouw midden in ons blok gesloopt werd hebben buurtbewoners een plan gemaakt om van de binnenplaats een stadstuin te maken. Net toen de buurtbewoners gemobiliseerd waren en er een mooi plan lag, bleek de grond te zijn verkocht aan een projectontwikkelaar. Die werd op zijn beurt ook enthousiast gemaakt voor het plan. Hij had zelf in de buurt gewoond en had altijd een park gemist waar hij met zijn kinderen heen kon. Hij beloofde zijn eigen plannen een jaar in de koelkast te zetten en als de buurtgenoten het geld bij elkaar zouden krijgen, zou hij de grond aan hen verkopen. Dat lukte. Enkele voortrekkers wisten de overige bewoners uit de buurt te verleiden, te enthousiasmeren. Zij organiseerden activiteiten om geld bij elkaar te brengen, vonden enkele architecten bereid om tekeningen te maken, en ambtenaren om aanvragen te schrijven voor subsidies van de Europese Unie, de gemeente en verschillende particuliere fondsen. Zo lukte het om de benodigde 1,5 miljoen euro bij elkaar te verzamelen.

De bebouwde binnenplaats werd 'Emma's hof' gedoopt. De stadstuin werd uiteindelijk door de koning en koningin beloond met een 'kroonappel' uit het Oranjefonds. Bewoners voelen zich verantwoordelijk, en het is moeilijk om *niet* mee te doen. Iedereen tuiniert, kookt, knutselt of klust er. Het is een ontmoetingsplaats waar jong en oud spelen en elkaar ontmoeten.

Ook in Gent slaan bewoners de handen ineen om de openbare ruimte zelf in te richten. In goed overleg besloten bewoners om een deel van hun straat niet meer te gebruiken voor het parkeren van auto's maar om op die plek buiten bewoners samen te brengen. Ze doopten het initiatief de 'leefstraat', sloten een deel van de straat af, legden kunstgras neer en plaatsten bloembakken, picknicktafels en speelgoed. Op zomerse dagen staan deuren open en spelen kinderen op straat terwijl ouderen op een bankje in de zon zitten en een oogje in het zeil houden.

Veel inwoners die eerst sceptisch waren, zijn door de succesvolle leefstraten verleid. Zij willen nu ook een leefstraat! Interessant is dat in Gent een methodiek is ontwikkeld waarmee bewoners van andere straten kunnen worden gefaciliteerd om een dergelijk initiatief op te starten. Het bureau, 'Lab van Troje', begeleidt de koplopers die een dergelijke leefstraat willen realiseren. Dat gaat als volgt. De initiatiefnemers moeten eerst drie of vier buren weten te overtuigen. Nadat deze harde kern gevormd is, worden alle andere bewoners geïnformeerd. Niet om te horen dat het een goed idee is waar hun steun voor gevraagd wordt, maar om weerstanden te inventariseren. Samen met ambtenaren wordt vervolgens naar een passende oplossing gezocht. De gemeente *nudget* door burgers te helpen zichzelf te kunnen helpen. Het uitgangspunt is dat bewoners zelf verantwoordelijk worden voor hun straat. De wijkagent ondersteunt hen daarbij. De gemeente helpt bij de aanleg en de bewoners nemen het onderhoud voor hun rekening. Problemen worden in overleg opgelost. Toen in Gent voetballende jongeren uit hun voetbalkooi kwamen om op het daarnaast gelegen kunstgras te voetballen, heeft de gemeente ook in hun kooi kunstgras gelegd.

Burgers en gemeente lijken een nieuwe verstandhouding met elkaar te ontwikkelen. Bedenk wat er in de jaren tachtig en negentig in Nederland is afgebroken aan subsidies voor het verenigingsleven, voor sportclubs en sportvelden. In veel plaatsen gaan zwembaden dicht omdat de gemeente de exploitatiekosten niet meer wil dragen. Dit heeft tot een kaalslag geleid waar de *samen*leving als geheel onder is gaan lijden. Daarom ontstaan nu op veel plaatsen burgerinitiatieven. Om het tij te keren nemen zijzelf de exploitatie van het zwembad ter hand. Ook de overheid kiest een nieuwe positie.

Voelde zij zich vroeger verantwoordelijk voor de sport, cultuur en het welzijn van haar burgers, inmiddels is duidelijk dat burgers daar zelf ook een rol in willen spelen. Na een lange periode van afbouw en onachtzaamheid daagt nu het inzicht dat beide partijen voor dezelfde uitdaging staan en met elkaar oplossingen moeten formuleren.

Wat in 2013 in Gent begon met twee leefstraten is inmiddels uitgegroeid tot vijfentwintig leefstraten. Veel andere steden hebben interesse getoond. In Nederland worden steeds vaker nieuwbouwwijken op de tekentafel ingericht als leefstraten, en in de binnenstad van Rotterdam komen binnenkort 'droomstraten', waar parkeerplaatsen zijn verruild voor ontmoetingsplaatsen. In Leiden starten wij een initiatief waarbij burgers de verantwoordelijkheid zullen nemen over de herinrichting en het onderhoud van niet of weinig gebruikte delen van hun straat, de parkeerplaatsen niet uitgezonderd.

TACTICAL URBANISM

De werkwijze waarbij burgers zelf hun omgeving inrichten en verbeteren is een wereldwijde trend en wordt *tactical urbanism* genoemd. In sommige steden spreekt men van *guerrilla urbanism, do-it-yourself urbanism* of *city-repair*. In al deze steden nemen burgers zelf verantwoordelijkheid voor de openbare ruimte op de plek waar ze wonen, werken en leven. Omdat je de inrichting van je eigen omgeving, die zo belangrijk is voor je leefplezier, gezondheid en sociale contacten, niet aan anderen wilt overlaten.

Vaak beginnen projecten met burgerlijke ongehoorzaamheid. Omdat bewoners zich niet gehoord voelen schilderen ze zelf zebra's op de weg zodat de kinderen veilig kunnen oversteken, en markeren ze paden zodat kinderen veilig naar school kunnen fietsen. Dat is een onmiskenbaar signaal en niet zelden een reden om van gemeentewege een officieel zebra- of fietspad aan te leggen.

Veel steden kennen projecten die erop gericht zijn plekken te creëren waar mensen elkaar 'spontaan' gaan ontmoeten. Met *chair bombing* vullen bewoners lege verkeerspleinen met honderden stoelen. Oude pallets worden op een zaterdag door grote groepen vrijwilligers tot meubilair vertimmerd. Sommige pleinen krijgen ook bloembakken, tafels, barbecues of een stalletje waar eten en drinken wordt verkocht. De pleinen die een dergelijke *make-over* hebben gehad herken je niet meer terug. Niet alleen de inrichting is veranderd, ook de functie is gewijzigd. Het plein waar niemand gebruik van maakte is vertimmerd tot een plek waar mensen elkaar ontmoeten, eten, spelen, sporten of gewoon wandelen. Het zijn bijna voorwaarden om langer gezond te blijven.

Omdat iedere lokale situatie anders is, moeten mensen zelf kunnen bepalen waar in hun straat behoefte aan is. Een eenvoudige strategie die in bijna elke straat kan worden toegepast is *de-pavement*: het verwijderen van overtollige bestrating in een versteende stadsomgeving. Om je stad groen te krijgen hoef je niet de hele stad overhoop te halen. Je kunt beginnen met het verwijderen van een rijtje stoeptegels voor je huis om er planten en bloemen te plaatsen. Dat mocht vroeger niet, maar inmiddels juichen veel gemeenten het toe. Zij nudgen en proberen op deze wijze meer groen in de wijken te krijgen. Wie weet is het door bezuinigingen ingegeven, maar dat maakt niet uit. Het resultaat is er niet minder om.

Enkele jaren geleden is de gemeente Den Haag, in reactie

op de toenemende burgerlijke ongehoorzaamheid, een project gestart waarbij bewoners konden aangeven of zij groen voor hun huis wilden hebben. Daarop kwamen ambtenaren van de groenvoorziening een net randje stenen aanleggen, compleet met potgrond en plantjes. Dat is er net tussenin. Je mag wel vertellen of je groen wilt of niet, maar dan wordt je het initiatief weer uit handen genomen, en dat is nu weer net te veel, want zo voelen mensen zich minder trots op en verantwoordelijk voor hun tuintje.

Misschien moet je als burger niet afwachten, maar gewoon beginnen. Buiten ontmoet je je buurtgenoten en daardoor kan het gebeuren dat in sommige buurten *guerrilla gardening* ontstaat, waarbij verloren stukjes grond in de wijk worden volgezet met planten en bloembakken. Bij *seed bombing* gooien de guerrilla gardeners met bloemenzaad gevulde bommen van klei in verwaarloosde tuinen, in dakgoten, op daken van schuurtjes, zodat de wijk in de lente verandert in een bloemenzee.

Enkele jaren geleden is in Berlijn de Prinzessinnengarten gestart. Op een verlaten stuk bouwgrond aan de Moritzplatz werd met kuubkisten en pallets een mobiele stadsboerderij gerealiseerd. Wanneer de bouwgrond weer zou worden opgeeist kon de hele tuin in een paar dagen verplaatst worden naar een ander braakliggend terrein. De bouwgrond is overigens nog steeds niet officieel in gebruik en de tuin bestaat inmiddels al zes jaar. Met Google Earth kun je het verschil goed zien.

Het is niet altijd nodig om pleinen en straten blijvend van functie te veranderen. Veel steden in Colombia kennen de *ciclovia*, straten die elke zondagochtend van zeven uur 's ochtends tot twee uur 's middags afgesloten zijn voor auto's. Zondagochtend zijn de straten vol met mensen die spelen, skaten, sporten, hardlopen of fietsen op een aaneengesloten parcours van tientallen kilometers lang dat zich dwars door de binnenstad slingert. Op veel pleinen zijn lessen yoga, fitness of aerobics. Een dergelijk initiatief zet meer zoden aan de dijk dan belerende radiospotjes om het overgewicht van de Colombianen aan te pakken.

In andere landen hebben meerdere steden het Colombiaanse voorbeeld gevolgd en houden zij *open streets*. Nederland kent weliswaar autoloze zondagen maar dat deze niet massaal benut worden komt door het incidentele karakter ervan. Hierdoor kunnen mensen er geen routine van maken om met een groep buurtgenoten iedere week te gaan hardlopen of te fietsen door de stad. Nederlandse steden zouden er goed aan doen om elke zondagochtend zo'n route af te zetten.

De buurt moet je verleiden om erin te gaan wandelen. Onderzoek heeft aangetoond hoe je daarvoor de straat moet inrichten. Brede trottoirs, goede verlichting en groen nodigen mensen uit om te wandelen, ook als je geen hond hebt. Met de app Walkonomics kunnen burgers van elke straat de *walkability*, de loopvriendelijkheid van een straat, beoordelen met één tot vijf sterren. Inmiddels zijn al 700 000 straten gewaardeerd, maar in Nederland zijn er wat dat betreft nog veel witte plekken. Het in kaart brengen van de loopvriendelijkheid van de straat is de eerste stap naar het verbeteren van de inrichting. En wederom: we hoeven niet te wachten tot de gemeente op de proppen komt. Mensen kunnen zelf bordjes aanbrengen en aantrekkelijke routes bewegwijzeren. In sommige steden worden de routes zelfs op de stoep geschreven. Dit soort aanwijzingen kan bewoners verleiden om te voet te gaan. Velen die nu nog de bus nemen zouden lopend waarschijnlijk sneller ter plaatse zijn.

Een woonwijk moet je verleiden om te bewegen. Bij sportveldjes zouden openbare waterkranen moeten zijn. De aloude drinkpaaltjes moeten terug. Niet zozeer omdat er iets bijzonders in water zit, maar juist omdat er niets in zit. Hoe meer water we drinken, hoe minder frisdrank. Openbare tappunten zorgen ervoor dat een kind dat op een pleintje aan het voetballen is, zijn dorst kan lessen zonder naar huis te hoeven gaan voor een glaasje fris. Hij leert zo niet alleen een gezonde gewoonte aan, maar blijft ook langer buiten spelen. Je kunt er als buurt voor zorgen dat je waterpunten in je buurtpark of speelplaats krijgt. Zamel zelf het geld in en/of overleg met de gemeente.

De klassieke tip om meer te wandelen is om een hond te nemen. Een hond dwingt je om iedere dag meerdere keren op pad te gaan. Er is geen betere wandelcoach. In een Australische studie bleken hondenbezitters anderhalf keer zo vaak aan de norm voor gezond bewegen te voldoen. Dit laat goed zien hoe de nieuwe omgevingsinterventies werken. Een hond vertelt je niet wat je moet doen, maar zorgt ervoor dat je vanzelf gaat bewegen. Bovendien zijn mensen met een hond minder eenzaam: je komt tijdens het uitlaten altijd wel iemand tegen.

Het ontmoeten van anderen in je wijk is noodzakelijker dan het misschien lijkt. Zeker naarmate je ouder wordt, is het contact met de mensen in je directe omgeving heel belangrijk. Eenzaamheid bij ouderen is niet alleen bepalend voor hun kwaliteit van leven, en voor hun welbevinden, maar bepaalt ook mede de resterende levensverwachting.

Al deze verhalen over de groene buurt, waar iedereen bloemen plant, praatjes maakt en de fiets boven de auto prefereert, klinken wel erg politiek verantwoord. Maar in Kopenhagen heb ik – Rudi – gezien dat dit alles een normaal onderdeel is van de openbare ruimte. In minder bedeelde wijken, in rijke wijken, in autochtone wijken en allochtone wijken, overal zie je hetzelfde. De appartementen hebben allemaal een eigen voordeur en een gedeelde achteruitgang naar een gemeenschappelijke tuin of plaats. Die binnenpleinen in Kopenhagen zijn niet – zoals ik in Nederland gewend was – met schuttingen in kleine kavels opgedeeld. Nee, ze zijn gedeeld bezit. Op zo'n collectief binnenplein drogen mensen de was, verzamelen het vuilnis, parkeren de fietsen maar er wordt ook gespeeld, in de zon koffie gedronken, en gebarbecued. Het is een plaats waar mensen elkaar helpen en ontmoeten. In Kopenhagen is dit gemeengoed, en er is niets zweverigs aan. Het is een functioneel delen van je 'achterom', met een belangrijk sociaal neveneffect. En juist die functionele basis zorgt ervoor dat het zo goed werkt, in alle wijken.

In Nederland is de laatste jaren een initiatief ontstaan dat de ontmoeting in de wijk centraal stelt, de zogenaamde 'stadsdorpen'. Het doel is om de dorpse omgang in een stadswijk te herintroduceren. Een van de bekendste is wellicht Stadsdorp Zuid in Amsterdam. Op een digitaal platform ontmoeten de buurtbewoners elkaar en plannen ze gezamenlijke activiteiten die ze in de buurt ondernemen. Ook hier is de gemeenschap voor een groot deel functioneel: er wordt informatie uitgewisseld over de wijk, en ook over klusjesmannen, zorgverleners en activiteiten. Stadsdorpen zijn gemeenschappen van vooral ouderen die elkaar nodig hebben en willen helpen. Jongeren komen misschien nog wel zelfstandig aan informatie door die van verschillende websites te plukken en weten hulp zelf in te roepen, voor ouderen is dat vaak veel lastiger. In een stadsdorp komen ouderen aan hun informatie maar ervaren ze ook dat ze deel uitmaken van een gemeenschap.

Hoe scholen eraan kunnen bijdragen duurzame gezonde gewoontes aan te leren.

10
OP SCHOOL

INGEBLIKT SUIKERWATER

In toenemende mate laten resultaten uit wetenschappelijk onderzoek zien dat de manier waarop je opgroeit, zelfs de periode tijdens de zwangerschap, invloed heeft op de manier en snelheid waarop je later zult verouderen. Zo was al langer bekend dat mensen die in 1944 onder de barre omstandigheden van de hongerwinter in de baarmoeder zaten op latere leeftijd meer kans hebben om hart- en vaatziekten te ontwikkelen. Het is raadselachtig dat omstandigheden uit je vroegste jeugd invloed hebben op je gezondheid vijftig jaar later. Dat raadsel is voor een deel opgelost nu onderzoekers aan hebben kunnen tonen dat bij borelingen uit de hongerwinter het erfelijk materiaal anders wordt afgelezen. Die verandering is blijvend en wordt, zoals we vaker in dit boek laten zien, door omgevingsfactoren bepaald.

Niet alleen werken effecten van de vroege jeugd blijvend in de biologie van ons lichaam door, de jonge jaren zijn ook de periode waarin je gedrag aanleert dat je je verdere leven met je meedraagt. De opvoeding op school vervult daarin een belangrijke rol en bepaalt daarom voor een goed deel hoe je later oud wordt. Wie jarenlang op school een pakje melk krijgt, heeft zijn leven lang de gewoonte om melk te drinken. Vandaar dat het zo belangrijk is om ervoor te zorgen dat kinderen hier de juiste gewoontes aanleren, zoals water in plaats van fris te drinken wanneer je dorst hebt. De aanwezigheid van watertappunten met koel water in de kantine, op het schoolplein en in de aula kan kinderen hiertoe verleiden.

Op dit moment is het drinken van water uit een flesje in de klas op veel scholen verboden. Dat is opmerkelijk want water drinken moet echt worden aangemoedigd, zeker op de middelbare school, wanneer kinderen de meeste frisdrank drinken. Het is goed te begrijpen dat de schoolleiding het voortdurend geslobber uit waterflesjes wil voorkomen. Een alternatief, waarvan de kosten minimaal zijn, is het aansluiten van een 'Tapi' op elke kraan. Deze felgekleurde opzetstukjes herinneren je eraan om regelmatig water te drinken en maken het de kinderen makkelijk om water uit de kraan te drinken: wanneer je erin knijpt wordt een straaltje geproduceerd.

Jongeren Op Gezond Gewicht (JOGG) is een innovatief project dat nu in meer dan tachtig gemeenten wordt uitgevoerd. Het heeft een brede aanpak die er onder andere uit bestaat om water op scholen weer makkelijk toegankelijk te maken. Daarvoor werden op meerdere plaatsen in het gebouw extra tappunten geïnstalleerd. Het effect hiervan is geëvalueerd door bijna 10 000 kinderen van verschillende scholen langere tijd te volgen. Na drie jaar konden de onderzoekers aantonen dat er per dag een half glas minder frisdrank werd gedronken en dat het aantal kinderen met overgewicht met 20 procent was verminderd.

Dat lijken misschien magere resultaten, die bovendien pas na drie jaren bereikt worden, maar dat is een verkeerde interpretatie van de uitkomsten. Het project mikt immers op een duurzame en langetermijnoplossing voor de hele groep. Veel interventies zijn in de eerste weken heel succesvol en na een jaar is daar helemaal niets meer van terug te vinden. Dat werkt dus niet. Je moet na drie jaar een blijvend effect hebben, en na tien, vijftien jaar. Kleine effecten die lang aanhouden zijn heel belangrijk. Een half glas frisdrank per dag is 10 gram suiker per dag, dat is ruim drie en een halve kilo suiker per jaar, goed voor bijna twee kilo lichaamsvet.

De gangbare interventies richten zich veelal op kinderen met overgewicht of zij die een hoog risico hebben om dik te worden. Jongeren Op Gezond Gewicht is ook in dit opzicht een radicaal andere aanpak. Hier zijn *alle* kinderen in het vizier en er wordt gepoogd in de héle groep jongeren een afname van het drinken van frisdrank te bewerkstelligen. Je kunt uitrekenen dat wanneer er bij alle kinderen een gemiddeld kleine afname van de frisdrankconsumptie optreedt, dat meer winst oplevert dan wanneer er bij enkele kinderen een grote afname in de consumptie wordt bereikt. Je kunt ook anders redeneren. In ons land, waar de helft van de volwassenen overgewicht heeft ontwikkeld, kun je gerust de *hele* jeugd als doelgroep nemen. Zij hebben immers allemaal een hoog risico om dik te worden.

In tegenstelling tot de miljoenen verslindende reclamecampagnes die iedereen na drie jaar vergeten is, blijven de extra aangelegde tappunten op school bestaan, en daarmee ook het effect dat ze hebben op de leerlingen. Je hoeft pubers niet te vertellen wat ze moeten doen, dat is geen kansrijke strategie. Maak water zichtbaar, gratis en makkelijk te drinken.

In Amerika is men onlangs een groot programma gestart om het drinken van water te stimuleren: Drink up!, met Michelle Obama als ambassadrice. De vraag is of dit programma op de langere termijn veel resultaat zal boeken. Drink up! is traditioneel opgezet met een enorme reclamecampagne die je vertelt wat je wel en wat je niet moet doen. In het programma is veel minder aandacht voor *making the healthy choice the easy choice*.

Wie verder wil gaan dan uitsluitend tappunten voor water als alternatief voor frisdrank aan te bieden, haalt de frisdrankautomaat helemaal weg. Hetzelfde geldt voor de snoepautomaten. Kinderen zijn de hele dag actief, groeien uitbundig en hebben behoefte aan tussendoortjes. Het huidige aanbod op middelbare scholen is vaak beperkt tot een automaat met dertig verschillende soorten chips, chocola, snoepgoed en gevulde koeken, waarvan er niet één een gezonde keuze is. We moeten gezonde snacks zichtbaar, aantrekkelijk en makkelijk beschikbaar maken. En in elk geval moeten we ervoor zorgen dat jongeren opgroeien in een omgeving waarin gezond gedrag het normale gedrag wordt.

EEN LOPENDE SCHOOLBUS

Het is uiterst merkwaardig dat we onze kinderen vanaf het moment dat ze zes jaar zijn in klaslokalen opsluiten en hun leren om de hele dag stil op een stoel achter hun tafel te zitten. Dat is passend voor het gedrag dat wij later van hen verwachten: zitten achter een bureau. Maar wij weten inmiddels dat al dat zitten een groot risico op vroegtijdige ziekte met zich meedraagt.

Kinderen zijn van nature onrustig en beweeglijk, en toch mogen basisschoolleerlingen op een ochtend maar een kwartiertje buiten spelen. Op veel basisscholen is het aantal uren gymles verminderd of afgeschaft. In plaats daarvan stellen de ouders ingewikkelde schema's op waarbij de kinderen na schooltijd met de auto heen en weer naar sportverenigingen worden gereden om goed te maken wat op school verzuimd wordt: zorgen voor een normaal beweegpatroon gedurende de dag. Er is in Nederland veel discussie of dit laatste wettelijk moet worden vastgelegd of dat dit valt onder de gedeelde verantwoordelijkheid van schoolbesturen en ouders. Het kán wel: in Noorwegen is bijvoorbeeld wettelijk vastgelegd dat schoolkinderen een dag per week buiten zijn, onafhankelijk van de weersomstandigheden.

Kinderen zouden lopend of op de fiets naar school moeten gaan. Voor kinderen in de basisschoolleeftijd is zelfstandig naar school gaan, te voet of te fiets, een belangrijke leer- en verkeerservaring. Deze dagelijkse praktijk maakt hen vertrouwd met het verkeer en stelt hen in staat hun belevingswereld te vergroten. Kinderen die hierin worden belemmerd lopen een achterstand in hun ontwikkeling op ten opzichte van kinderen die wel zelf naar school gaan. Wie zijn kind met de auto naar school brengt, geeft niet alleen het verkeerde voorbeeld, hij ontneemt zijn kind ook veel mogelijkheden om zich te ontwikkelen. Toch is de gemiddelde leeftijd waarop kinderen zelfstandig naar school gaan in de afgelopen vijfentwintig jaar gestegen van zes naar bijna negen jaar.

Veilig Verkeer Nederland heeft tien gouden regels voor een veilige schoolomgeving opgesteld die kinderen in staat moeten stellen zelfstandig naar school te komen: een veilige route naar school, een veilige omgeving rondom school, een oversteekplaats, een uitgang die niet direct op de openbare weg uitkomt, geen parkeerplekken direct voor de school om een goed zicht op de weg te waarborgen, voldoende ruimte voor wachtende ouders, voldoende fietsparkeerruimte voor ouders en kinderen, een bus die voor de deur stopt en een commissie die toeziet op het fietsbeleid. Uiteindelijk zullen door publieke maatregelen veranderingen moeten worden gerealiseerd die op hun beurt de ouders ervan moeten overtuigen dat ze hun kinderen veilig en alleen naar school kunnen laten gaan.

Sommige gemeenten weten al dat het dringend nodig is dat ze hieromtrent beleid gaan ontwikkelen. Zo stimuleert de gemeente Utrecht dat kinderen fietsend en lopend naar school gaan. Alle ouders krijgen een brief van de gemeente waarin het belang hiervan wordt toegelicht en er wordt een fiets verloot onder ouders die laten weten dat ze hun kind in de eerste twee weken acht keer te voet of met de fiets naar school gebracht hebben. Een lovenswaardig initiatief, al is het nog belangrijker dat de gemeente ervoor zorgt dat de belangrijkste routes naar de school ook veilig zijn. Dat ze voorzien zijn van een voet- en fietspad dat gescheiden is van de rijbaan, dat alle kruisingen voorzien zijn van veilige oversteekplaatsen. Zonder die veilige omgeving zullen de ouders de kinderen zeker niet toestaan om zelf naar school te lopen of te fietsen. Te vaak geven we de auto de voorkeur in onze binnensteden en dat is de achterliggende reden dat ouders hun kind niet zelfstandig naar school laten gaan.

In de Verenigde Staten is de *walking schoolbus* in opmars. Waar kinderen eerst met de bekende gele bussen van huis werden opgehaald gebeurt dat nu te voet. Eigenzinnige vrijwilligers begeleiden de kinderen langs vastgestelde routes. De kinderen sluiten aan als de 'wandelende schoolbus' passeert. Zo hebben ze al twintig tot dertig minuten beweging gehad voordat de schooldag begint. Het valt de leraren op dat kinderen in de klas alerter zijn en minder onrustig. Er zijn steden waar de gele schoolbussen volledig zijn vervangen door publiek georganiseerde wandelende schoolbussen. Je kunt daar als kind ook van de ene op de andere wandelende schoolbus overstappen op een van de daarvoor ingerichte verzamelpunten.

STILZITTEN!

Wij zijn niet gemaakt om de hele dag te zitten. Bij kinderen kun je dat nog het beste zien. Draaiend op hun stoel moeten ze er permanent aan herinnerd worden. Zit stil! Zit rechtop! Het kan ook anders. Net zoals de sta-bureaus volwassenen een gezonde werkomgeving bezorgen moeten we ook voor kinderen hun omgeving veranderen om regelmatig hun zittend bestaan te onderbreken. Wie van jongs af aan leert dat het normaal is om af en toe staand te werken zal later op zijn werk deze routine meenemen.

Een basisschool in Californië heeft als proef in vier klassen staande schoolbankjes geplaatst. De leerlingen vonden het eerst maar wennen, ze kregen vermoeide benen, ont-traind als ze waren. Na een tijdje vonden de kinderen het de normaalste zaak van de wereld en beviel het goed. Er zijn verschillende studies uitgevoerd naar de leerprestaties van kinderen die zittend of staand de lessen volgen en het blijkt dat beide groepen even goede prestaties leveren. Maar de staande kinderen leren ondertussen wel gezond gedrag aan.

Deze sta-bureaus werden voor een deel gefinancierd door de ouders. Dit lijkt gek, maar waarom zou je wel tientallen euro's neerleggen voor sportabonnementen waar kinderen niet meer dan een uurtje in de week aan hun gezondheid werken en niet eenzelfde bedrag investeren in tafels waar de kinderen iedere dag van profiteren? Beter zou zijn wanneer de school de sta-bureaus zou verschaffen, dan kunnen alle kinderen daar gebruik van maken.

De inrichting van het schoolplein moet ook worden aangepast, zodanig dat die aanleiding geeft tot meer bewegen. Soms kan een simpele maatregel als het schilderen van een doel op een blinde muur de kinderen al verleiden tot heel veel spel. En sommige lessen zouden ook buiten of gecombineerd met beweging gegeven kunnen worden. Op vrije scholen leren kinderen rekenen door rondjes te lopen en in hun handen te klappen. Waarom zou je niet topografie kunnen leren door een grote wereldkaart op het schoolplein te tekenen en er een spel van te maken door kinderen van stad naar stad te laten rennen?

Veel schoolpleinen worden na schooltijd op slot gedaan. We kampen met een dikker wordende jeugd en doen veel moeite om plekken te vinden waar zij kunnen spelen, terwijl er in elke wijk schoolpleinen zijn ingericht met naar EU-maatstaven goedgekeurde speeltoestellen. Er zijn plekken om te sporten of te ballen en die zijn met hekwerken netjes afgesloten van de openbare weg. De reden dat de pleinen op slot gaan is vaak gemakzucht. Niemand uit de wijk wil de verantwoordelijkheid voor het beheren van het plein op zich nemen.

Het schoolbestuur en omwonenden zijn bang voor hangjeugd, maar dit moet in overleg met omwonenden en de wijkagent kunnen worden opgelost. We moeten de schoolpleinen in de wijk weer als een plek van onszelf gaan beschouwen. In onze voortuin hebben we toch ook geen last van hangjeugd? Ze moesten het eens proberen! Geef omwonenden de sleutel van het hek, en laat hen bij toerbeurt op het speelplein passen en het 's avonds op slot doen. Het plein kan altijd weer op slot als het niet werkt. Op veel plaatsen gaat het zo al jaren goed en hebben de kinderen en hun ouders er veel plezier van.

Het schoolgebouw zelf kan ook beter benut worden. Scholen zijn nu belangrijke ontmoetingsplekken in de wijk waar ouders met jonge kinderen elkaar leren kennen. Ook de oudere mensen in de wijk waarvan de kinderen al zijn uitgevlogen zouden meer bij de school betrokken kunnen worden. Zo leren ook zij elkaar beter kennen. Vele oudere mensen zoeken contact maar de aanleiding en de plek voor ontmoeting ontbreekt. Er zijn tal van geslaagde voorbeelden van gezamenlijke activiteiten op school door jong en oud, van voorlezen tot gezamenlijk eten, en van spelletjes op het schoolplein tot individuele begeleiding van leerlingen. Belangrijk voor een blijvend succes van de activiteiten is de wederkerigheid tussen jong en oud. Beide generaties geven en nemen. De een leest voor, de ander helpt om de smartphone te gebruiken.

Er kan meer. Schoolgebouwen zijn publieke gebouwen. In het weekend en elke avond staan ze werkeloos leeg…

Hoe supermarkten de klant verleiden en je ongezonde keuzes kunt weerstaan.

11

IN DE SUPERMARKT

OMA HEEFT GELIJK

Oma vertelde al dat je met honger geen boodschappen moet doen, want dan koop je meer dan je nodig hebt en ben je duurder uit. Een studie die de uitspraak van oma toetste liet zien dat mensen niet alleen *meer* kopen als ze boodschappen doen *voor* het eten, ze kopen ook *andere* producten wanneer ze honger hebben. Hongerige mensen kopen producten met meer vet, meer zout, meer suiker, en met meer calorieën dus.

Veel mensen denken dat ze in de keuken kiezen wat ze eten. Ze trekken de koelkast en kastjes open en 'kiezen' die avond wat ze gaan eten. Maar je kiest niet op dat moment in de keuken wat je gaat eten, je kiest in de supermarkt. Wie een zak chips heeft gekocht en in het keukenkastje heeft gelegd eet de zak chips op wanneer hij het deurtje opendoet. Als je in de winkel meer ongezonde producten koopt ga je thuis ongezonder eten. Welke producten je kiest bij het boodschappen doen bepaalt dus of je wel of niet gezond eet.

Wie denkt dat hij of zij in de winkel rationele keuzes maakt, komt bedrogen uit. Onderzoek laat zien dat 60 procent van onze aankopen in de supermarkt ongepland is. De supermarkt bepaalt wat wij eten en drinken. Het is Albert Heijn die Nederlanders eerst aan de sherry en daarna aan de wijn heeft gekregen, maar ook aan de spaghetti en de broccoli. Eerder bespraken wij hoe nauwgezet de vakken worden gevuld om ons aankoopgedrag te beïnvloeden. In laboratoria werden van proefpersonen de oogbewegingen onderzocht, en door middel van klanten- en bonuskaarten wordt van heel Nederland het aankooppatroon geregistreerd. Met de uitkomsten van al die gegevens varieert de kruidenier zijn posities en prijzen in de schappen opdat *wij* de producten die *hij* wil verkopen in *ons* winkelwagentje leggen.

Het is natuurlijk maar de vraag of wij de kruidenier moeten gaan gebieden en verbieden om geen ongezonde maar gezonde waar te verkopen. Iedereen wil op z'n tijd roomboterkoek, mayonaise en ijs met slagroom. En daar is niets mis mee. Maar wanneer je zelf vindt dat je gezonder zou moeten eten, dan kun je niet langer onvoorbereid de supermarkt binnenlopen. Bedenk dat 60 procent van wat er in je mandje ligt in een impuls is aangekocht die door de kruidenier is opgewekt. De belangrijkste tip is dus om boodschappen te doen met een lijstje. Wederom truttig, jazeker, maar het werkt. Doe je het niet zoals oma om geld uit te sparen, doe het dan omdat je graag zelf kiest wat je wilt eten in plaats van je te laten leiden door de kruidenier. De tweede tip is het moment van boodschappen doen goed te bepalen. Maak er een gewoonte van om na het eten naar de winkel te gaan, dan koop je niet alleen minder maar ook gezondere producten.

VERLEIDEN VOOR GEVORDERDEN

Ga geen boodschappen doen samen met kleine kinderen. Als ik – David – met mijn dochter Lucca in de supermarkt kom, rent ze eerst naar het speeltoestel. Het is een grote kunststof hamster gevormd als een met boodschappen volgeladen auto die kinderen heen en weer wiegt. Ondertussen speelt het apparaat een deuntje dat af en toe wordt onderbroken door de kreet: 'Hamsteren!' Als we de hamster eenmaal voorbij zijn, rent ze naar de broodafdeling. Niet voor het brood, maar voor de roze koeken, donuts en wafels die in hapklare brokken voor de kinderen en alle andere klanten liggen uitgestald. Lopend door de winkel moet ik haar keer op keer manen om de producten die speciaal in het zicht van kinderen op de onderste rij zijn geëtaleerd in de schappen terug te leggen. Woezel en Pip-roomijs. Dora the Explorer-pasta. De speciale kinderproducten heten niet zo omdat ze gezonder zijn voor kinderen. Het tegendeel is waar. Bij een inventarisatie bleek dat 85 procent ervan te vet, te zoet of te zout is. Het zijn kinderproducten die zo lekker smaken, feestelijk verpakt en slim in de markt gezet zijn dat kinderen ze graag willen eten.

Deze vorm van nudging wordt willens en wetens niet aan banden gelegd. Na veel gelobby in Brussel is de uitkomst dat winkelbedrijven zichzelf moeten reguleren. En dus is er als zouteloos compromis afgesproken dat er geen reclame gemaakt wordt voor kinderen tot zeven jaar en is men terughoudend met reclame gericht op kinderen tot twaalf jaar. Die reclames zien de kinderen tegenwoordig niet meer op reclameborden of op televisie. Maar door de kindericonen op de productverpakkingen af te beelden is elke aflevering van *Woezel en Pip* die de twee- of driejarigen op tv te zien krijgen een reclame voor roomijs. Bij de ingang van de supermarkt zou eigenlijk een waarschuwing moeten staan als betrof het een filmkeuring: 'Ongeschikt voor kinderen onder twaalf jaar'.

Ook volwassenen worden door de supermarkt verleid, en ook zij gaan voor de bijl. Grotere verpakkingen zijn immers altijd gunstiger geprijsd. Die grote verpakkingen maken ook dat we er meer van eten. Hoe groter de zak, hoe dikker de reep, hoe meer kingsize, des te meer we eten. De supermarkt probeert ons in de winkel te verlokken met aanbiedingen: een tweede product voor de halve prijs of drie voor de prijs van twee. En wie meer koopt, zal meer eten.

INTERMEZZO: EEN NIEUWE VOLKS-GEZONDHEID

In Nederland geven wij jaarlijks ongeveer 90 miljard euro uit aan de zorg. Dat is veel geld en desondanks hoor je vaak dat het nog onvoldoende is en dat we de kosten van de vergrijzing niet kunnen dragen. Gelukkig valt dat laatste wel mee. Mensen maken een groot deel van hun zorgkosten in de laatste maanden voor ze komen te overlijden. Nu mensen ouder worden overlijden ze op hogere leeftijd. De hoge zorgkosten in de laatste maanden worden nog steeds maar één keer in je leven gemaakt; nu is dat meestal bij mensen van in de tachtig, en straks bij mensen van in de negentig. Vergrijzing is niet de belangrijkste verklaring voor de almaar stijgende zorgkosten. De zorgkosten stijgen vooral doordat er steeds weer nieuwe en vooral duurdere specialistische behandelingen bij komen, en ook omdat de salarissen in de zorg stijgen, net zoals alle Nederlanders meer zijn gaan verdienen.

Inmiddels spendeert Nederland 13 procent van het bruto nationaal inkomen aan de zorg. Op de Verenigde Staten na is dat percentage nergens in de wereld zo hoog. De vraag is of we al dat geld wel op de beste manier besteden. Nu wordt een groot deel van het geld uitgegeven aan een kleine groep patiënten bij wie in een laat stadium dure behandelingen, operaties en pillen worden ingezet. De gezondheidswinst die hiermee wordt bereikt kan niet anders dan beperkt zijn, omdat de dokter pas in een laat stadium intervenieert wanneer er al veel beschadigd of zelfs definitief kapot is. De specialistische behandelingen aan het eind van het leven kunnen het overlijden uitstellen en dat is waardevol, maar de gewonnen jaren worden niet altijd in goede gezondheid doorgebracht. Veel mensen hebben door chronische ziekten veel schade aan hun lichaam opgelopen en beperkingen ontwikkeld en moeten van staatswege worden ondersteund.

Slechts een klein deel van de 90 miljard wordt uitgegeven aan het voorkomen van die schade, aan gezondheidsbevordering voor de grote groep mensen die nog niet in de gezondheidszorg gevangen zijn. Voor hen kunnen met relatief goedkope preventieve maatregelen vele gezonde jaren worden gerealiseerd. Anders gezegd, wij kopen te laat te kleine beetjes gezondheidswinst in tegen te hoge kosten. Het is alsof je enkele dagen voor vertrek je ticket boekt. Iedereen weet dat je dan de hoofdprijs betaalt.

Een vergelijking tussen de Verenigde Staten en Cuba illustreert deze twee uitersten in gezondheidszorg en laat zien dat de hoeveelheid geld die aan de zorg wordt uitgegeven en de gezondheidswinst van de bevolking niet gelijk op lopen. In de Verenigde Staten wordt per persoon gemiddeld 8000 dollar per jaar aan zorg uitgegeven, en die wordt voor een groot deel aan specialistische behandelingen van de meest zieke en welgestelde individuen besteed. In Cuba wordt jaarlijks 400 dollar per persoon uitgegeven, waarmee alleen de meest basale zorg beschikbaar is, maar die is wel voor de gehele bevolking toegankelijk. Het is een opvallend resultaat dat de levensverwachting in Cuba net zo hoog is als in de

Verenigde Staten, voor minder dan 5 procent van de kosten.

Preventieve zorg kan veel gezondheidswinst opleveren voor relatief weinig geld. Daarom is het kortzichtig dat we in Nederland hier zo weinig in investeren, en dat wat we doen bijna alleen op moeder en kind is gericht. Dat is een echo uit een ver verleden toen veel moeders in het kraambed het leven lieten en de helft van de pasgeborenen kwam te overlijden. Nu worden we steeds ouder, waardoor je ruimschoots aandacht zou verwachten voor de preventie van ouderdomskwalen zoals hart- en vaatziekten, diabetes en kanker. Deze kunnen allemaal door een gezonde leefstijl gunstig beïnvloed worden. Maar dat is nu nog veel te weinig het geval.

Nederland ontbeert een goede visie om gezondheid op hoge leeftijd actief te bevorderen. De overheid moet de preventie bij 50-jarige leeftijd aanpakken, om lichamelijk, geestelijk en sociaal verval te voorkomen. Sommige politici menen dat dit een inbreuk zou zijn op iemands privacy. De keuzevrijheid en de onaantastbaarheid van het lichaam zouden in het geding zijn en daarom zou de overheid terughoudend moeten zijn. Het huidige compromis is daarom voornamelijk gericht op het beïnvloeden van de bewuste keuzes van mensen, door hen te informeren en te adviseren en zo te zorgen dat mensen een beter inzicht krijgen en zelf de juiste keuzes gaan maken. We zagen al eerder dat dit niet werkt, omdat onze genen nu eenmaal tegen ons werken.

Dertig jaar lang hebben Postbus 51, reclamespotjes en goedbedoelde folders ons verteld wat we moeten doen en wat we moeten laten. We moesten meer bewegen, meer groente eten en meer fruit. We mochten niet te vet eten, niet te zoet en niet te zout. De huidige preventieprogramma's proberen ons een gezonde leefstijl op te leggen door ons kennis bij te brengen. Door ons te vertellen wat fout is en ons zelf te laten besluiten om vaker de goede gezonde keuze te maken. Dit is niet verkeerd, maar het is aanwijsbaar onvoldoende.

Het resultaat van de pogingen om Nederlanders bewuste en betere keuzes te laten maken is aanwijsbaar te beperkt. Nederlanders werden de afgelopen dertig jaar alleen maar zwaarder en op dit moment is de helft van de mensen in ons land te dik. Slechts 5 procent van de Nederlanders voldoet aan de normen voor gezonde voeding en eet twee ons groente en twee stuks fruit per dag. 40 procent van de Nederlanders haalt de Nederlandse norm voor gezond bewegen niet. 25 procent van Nederland rookt nog steeds. In internationale vergelijkingen scoren we met een van de beste medische zorgsystemen van Europa, terwijl we in diezelfde rapporten steevast een onvoldoende krijgen voor ons antirookbeleid. De tegenstelling kan niet groter zijn. We moeten een alternatief formuleren voor dertig jaar preventie door gebieden en verbieden.

De overheid zou moeten nudgen. Mensen een zetje in de gewenste richting geven. Maar zoiets is omstreden omdat het riekt naar ideologische beïnvloeding. De realiteit is dat we zonder het te merken dag en nacht worden *genudged*, en dat is meestal in de verkeerde richting. Daar kun je jezelf niet tegen beschermen. Om in een maatschappij waarin je voortdurend wordt gedwongen te zitten en te veel te eten, waarin je bewust verleid wordt te roken en ook al dat andere ongezonde gedrag te vertonen, te redeneren dat gezond gedrag je eigen verantwoordelijkheid is, is onethisch. De overheid moet beleid ontwikkelen om de gezondheid van mensen te beschermen.

Waarom het huidige beleid er niet in slaagt om de Nederlandse bevolking een gezondere leefstijl aan te leren. Door te leren van vroeger kan de overheid een nieuwe publieke gezondheid stimuleren.

12

EEN GEZONDE SAMENLEVING

DE SPEKKIETEST

Het huidige beleid slaagt er niet in om de Nederlandse bevolking een gezonde leefstijl aan te leren. Als de huidige preventieprogramma's al enig resultaat hebben is het bijna alleen bij het hoger opgeleide deel van de bevolking. Hoogopgeleide mensen zijn veel eerder geneigd om keuzes te maken die op de lange termijn gunstig zijn. Programma's die bewuste keuzes sturen, door mensen kennis bij te brengen over wat goed en slecht voor hen is, zijn op hun maat gesneden. Maar ze gaan voorbij aan de mensen die lager zijn opgeleid, of om een andere reden een lagere sociaaleconomische positie hebben. Veel mensen in deze posities horen niet wat er gezegd wordt, begrijpen het niet of kunnen er niets mee. Vanuit een gezondheidszorgperspectief is dit een misser omdat juist zij de grootste kans hebben op chronische aandoeningen, beperkingen en vroegtijdige sterfte.

De neiging om te kiezen voor een directe beloning en niet voor een beloning op de lange termijn is grotendeels aangeboren. Je kunt dat bij kinderen al testen met de spekkietest.

De spekkietest voorspelt of een kind later hoogopgeleid zal worden. Bij de spekkietest zet je het kind aan een tafeltje in een kamer. Op het tafeltje staat een schoteltje met daarop een ouderwets ruitvormig geel-roze spekkie. Je vertelt het kind dat je nog een tweede spekkie gaat halen en over vijf minuten weer terugkomt. Het kind mag het spekkie van het schoteltje opeten, maar als het er na vijf minuten nog ligt mag het beide spekkies opeten. Kinderen die het spekkie laten liggen halen op school betere resultaten en hebben later succesvollere loopbanen.

De spekkietest is heel inzichtelijk, je begrijpt direct wat de test meet. Het is een combinatie van redeneren en beheersing. Studeren is eigenlijk niets anders dan een spekkie laten liggen in de wetenschap dat je er later meer zult kunnen bemachtigen. Je gaat niet werken als je zestien bent om direct daarna een nieuwe scooter te kopen, nee, je blijft op school leren om pas later de vruchten te plukken. Niet elke dag patat eten omdat je langer gezond wilt blijven is hetzelfde principe. Beloning en geneugten uitstellen betekent kiezen voor een beloning die pas in de toekomst naar je toe komt. Daarom hebben de meeste preventieprogramma's die bewuste keuzes proberen te sturen vooral effect onder hoogopgeleiden. Maar ook hun lichaam houdt van patat en van op de bank zitten. Ook zij kunnen niet altijd weerstand bieden aan alle verleidingen.

Het netto-effect van onze huidige preventieprogramma's is voorzichtig positief – er worden meer gezonde jaren geboekt dan jaren met nevenwerkingen en ongerustheid toegevoegd – maar het laat de gezondheidskloof tussen de hoog- en laag-sociaaleconomische klasse in Nederland verder toenemen. De hoge klasse wordt nog gezonder terwijl de lage klasse nauwelijks winst boekt. En de kloof is al zo groot. In Nederland, een van de meest egalitaire landen ter wereld, leven mensen uit de hoog-sociaaleconomische klasse gemiddeld zeven jaar langer dan degenen uit de lage klasse. Nog indrukwekkender is dat mensen uit de hoog-sociaaleconomische klasse gemiddeld negentien (!) jaar langer in goede gezondheid leven. Dit verschil kan niet worden verklaard doordat in Nederland enkel rijke mensen toegang hebben tot goede gezondheidszorg. Dit enorme verschil in gezonde levensverwachting moet worden verklaard door de gezondere leefstijl van mensen in de hogere sociaaleconomische klasse.

Dit blote feit geeft aan dat met een verbetering van leefstijl tot negentien jaar winst kan worden geboekt. De hamvraag is waarom het tot nu niet is gelukt om bij de Nederlanders uit de lagere sociaaleconomische klassen die winst te verzilveren, sterker nog, waarom de meeste bestaande programma's de gezondheidskloof juist hebben vergroot.

Een belangrijke verklaring hiervoor ligt in het feit dat de huidige preventieprogramma's zich richten op het vergaren van kennis en sturen van bewuste keuzes. Preventieprogramma's worden door hoogopgeleide mensen ontworpen en zij gaan er bij het ontwerpen van hun programma's impliciet van uit dat mensen rationele keuzes maken. Zo zien zij zichzelf graag, en ontwerpers gaan er te vaak aan voorbij dat niet iedereen is zoals zij zijn. Je zou de programma's moeten ontwerpen voor, met en door de meerderheid van de mensen die het spekkie niet laten liggen maar direct opeten. Het heeft geen zin om tegen hen te zeggen dat het slimmer is om het spekkie te laten liggen. Bovendien is het niet onwaarschijnlijk dat hun directe keus in de genen is vastgelegd en evolutionair verklaarbaar is. Het gedrag stamt uit vroeger tijden toen we niet zeker wisten of er morgen nog wel een dag en eten zouden zijn. Alleen leidt dit instinctieve gedrag tegenwoordig, nu we leven met zekerheid en in overvloed, bij veel mensen tot een ongezonde oude dag.

Alle preventieve maatregelen die Nederland rijk is zijn door de rijksoverheid overzichtelijk bij elkaar gebracht. Er zijn honderden maatregelen opgesomd, gerangschikt op vijf niveaus van oplopende effectiviteit: goed beschreven, goed onderbouwd, eerste aanwijzingen voor effectiviteit, goede aanwijzingen voor effectiviteit, sterke aanwijzingen voor effectiviteit. De resultaten van de maatregelen zijn niet bemoedigend. Van de ruim driehonderd beschreven maatregelen op het gebied van gezonde voeding is er slechts één waarvoor er goede aanwijzingen zijn dat de maatregel helpt. Van de 486 maatregelen om mensen meer te laten bewegen zijn die goede aanwijzingen er slechts voor een handjevol. Over de werkzaamheid van de meer dan 480 andere maatregelen zijn er geen aanwijzingen dat die veel effect sorteren.

Exact hierin ligt de uitdaging voor de komende decennia. Hoe kunnen we die negentien jaar terugwinnen voor een grote groep Nederlanders? Hoe kunnen we ervoor zorgen dat er veel meer mensen van een gezonde oude dag kunnen genieten? Daarvoor zullen we ons in eerste instantie moeten richten op mensen uit de lagere sociaaleconomische klassen; degenen uit de hogere klassen komen dan als vanzelf langszij.

Het gezondheidsbeleid in Nederland zal een radicaal andere insteek moeten krijgen om te leveren wat het moet leveren. We moeten afstappen van het idee dat we bewuste keuzes kunnen afdwingen. We moeten stoppen met gebieden en verbieden. Waarom kunnen we niet leren van de manier waarop we ziekte en sterfte bij kinderen hebben opgelost? Hiervoor moeten we terug in de tijd, naar het Leiden van 1870.

LEREN VAN VROEGER

Tegenwoordig maken mensen vooral foto's tijdens feestelijke gelegenheden. Met foto's, video's, of selfies – al dan niet op internet – leggen we de gelukkigste momenten uit ons leven vast: huwelijken, verjaardagen en vakanties. Maar in de negentiende eeuw maakten mensen ook foto's op minder gelukkige momenten. Een dergelijk kiekje heet een 'victoriaans rouwportret' en was in de negentiende eeuw een wijdverspreid gebruik. Op foto's uit die tijd zien we dus vooral familiaal drama afgebeeld. Zoals een beeld van ouders naast twee kleine kistjes waarin de tweeling begraven wordt die aan difterie, een keelontsteking, is bezweken.

Nederland was in 1870 een ontwikkelingsland. Infectieziekten die we tegenwoordig enkel nog kennen van verwensingen – pest, pokken, tyfus, tering (tuberculose), klere (cholera) – tierden welig. De levensverwachting was niet meer dan veertig jaar. Dat wil uiteraard niet zeggen dat niemand ouder werd dan veertig, die levensverwachting was een gemiddelde. De lage levensverwachting toen kon vooral door de hoge kindersterfte worden verklaard, en dat is niet anders dan de verklaring voor de lage levensverwachting in het noorden van Ghana nu. Bijna een kwart van de sterfgevallen in 1870 in Nederland waren kinderen in hun eerste levensjaar. Slechte hygiëne beëindigde het leven van de pasgeborenen voortijdig. Het doet denken aan de bekende regels die Willem Kloos in die tijd dichtte: 'Ik ween om bloemen in de knop gebroken en vóór den uchtend van haar bloei vergaan.' Ook op hogere leeftijd was de sterfte door infectieziekten hoog. Denk aan tuberculose, de noodzaak voor het inrichten van sanatoria.

In de negentiende eeuw ontstond er een nieuwe stroming in de geneeskunde die predikte dat ziekten werden verspreid door besmetting met onzichtbare deeltjes. Bedenk dat het bestaan van bacteriën toentertijd nog niet bekend was. Deze artsen noemden zich hygiënisten. Zij stuitten op veel weerstand want de meeste artsen geloofden in die tijd dat ziekten zich verspreidden door 'miasma': vieze lucht die door rottingsprocessen uit de grond vrijkwam. De moeraskoorts, die in ons land tot halverwege de twintigste eeuw voorkwam, noemde men dan ook malaria, (*mala aria* (It.), slechte lucht). Dit was overigens een minder heftige variant dan de malaria waar momenteel zovelen buiten Nederland mee zijn geïnfecteerd.

De arts John Snow was een bekende hygiënist in Londen. Tijdens de cholera-epidemie in 1854 hield hij op een kaart van Londen alle choleragevallen bij. Het viel hem op dat alle gevallen zich rondom de waterpomp op Broad Street bevonden. Hij verrichtte een medische handeling: hij schroefde de zwengel van de pomp eraf die daardoor niet meer gebruikt kon worden. De cholera verdween. Die waterpomp zonder zwengel kun je nog steeds in Londen zien, de straat heet nu Broadwick Street.

In Nederland was de Amsterdamse arts Samuel Sarphati een bekende aanhanger van de hygiënisten. Amsterdam kreeg in 1853 mede door zijn invloed als eerste stad in Nederland een netwerk van leidingen om schoon drinkwater uit de duinen aan te voeren. Het resultaat was dat Amsterdam minder getroffen werd door de latere cholera-epidemieën die in Nederland rondwaarden. Toch verliep de verdere introductie van een waterleidingnet maar langzaam. In 1949 waren nog maar 712 van de 1054 gemeenten in Nederland op de waterleiding aangesloten.

Met de aanleg van het drinkwaternet en andere maatregelen, zoals het ophalen van het huisvuil en uitwerpselen, nam de hygiëne toe, en daardoor nam de kindersterfte af. In 1930 stierf niet langer een kwart maar nog maar 5 procent van de pasgeborenen in het eerste levensjaar en in 1970 was de kindersterfte praktisch opgelost. Het is belangrijk te beseffen dat het instrumentarium van de dokter destijds heel anders was dan nu. De kindersterfte is niet door antibiotica of vaccinatie beteugeld, in tegenstelling tot wat vaak wordt beweerd. De kindersterfte werd voor een groot deel met de aanleg van leidingen voor schoon water en riolen voor vies water opgelost. Het waren de hygiënisten die die klus hebben geklaard.

Nu de kindersterfte is opgelost, is er een nieuwe uitdaging ontstaan. We hebben een samenleving vol diabetes, hart- en vaatziekten, versleten knieën en broze botten. Cholera, tyfus en tuberculose zijn verdwenen, maar nu we veel ouder worden kampen we met een epidemie van verouderingsziekten en kwalen waaraan velen komen te overlijden.

De stijging van verouderingsziekten en -kwalen is niet iets dat zich alleen in ontwikkelde landen voltrekt. Ook in ontwikkelingslanden stijgt (met name in steden) het aantal mensen met diabetes, hart- en vaatziekten en andere verouderingsziekten. Het is daarom van belang dat de publieke gezondheid in deze landen zich, naast de moeder- en kindzorg en de hygiëne, ook richt op de preventie van verouderingsziekten. Nu kunnen we nog voorkomen dat ontwikkelende landen dezelfde fouten maken als wij, dat ook zij een omgeving creëren zonder lichamelijke activiteit en met overdaad.

Deze epidemie moet in zowel ontwikkelings- als in ontwikkelde landen met eenzelfde instelling bestreden worden als de epidemieën van infectieziekten. Niet door in te zetten op nieuw te ontwikkelen behandelingen om ziekte te genezen, maar door een radicaal andere aanpak om ziekte te *voorkomen*. De oude hygiënisten zorgden voor een omgeving zonder bacteriën, ook al was dat besef er in eerste instantie nog niet. De nieuwe hygiëne die wij nu voorstellen weert geen bacteriën en virussen maar weert inactiviteit, te veel eten en roken uit onze omgeving. Het stimuleert een vitale levenshouding, waardoor de kwaliteit en de lengte van het leven toenemen. Dat is de manier om verouderingskwalen de baas te worden. Door het proces van een opeenstapeling van kleine schades af te remmen, in plaats van te wachten tot de schade zo groot is dat mensen ernstige complicaties hebben ontwikkeld.

FAST FOOD NATION BETEUGELD

Uit eten gaan is lekker. Fijn om niet te hoeven zeulen met boodschappen, niet te hoeven koken, en achteraf niet te hoeven afwassen. De kok doet zijn best om iets lekkers neer te zetten. En de kok weet wat ons brein als lekker ervaart. Romige sauzen, een extra snufje zout en een extra schepje suiker. Als gratis voorafje schotelt hij je roomboter voor. Voor de maaltijd begint heb je zo al enkele honderden calorieën binnen.

Veel mensen vinden uit eten gaan in Nederland duur, zeker in vergelijking met het buitenland. Je betaalt algauw twintig euro of meer voor een hoofdgerecht. Des te merkwaardiger is het dat je voor dat geld niet eens een volwaardige maaltijd krijgt die voldoet aan de normen voor gezonde voeding. In bijna geen enkel restaurant krijg je twee ons groente. Je krijgt vrijwel zonder uitzondering een maaltijd die te vet en te zout is, en te veel verzadigde vetten en calorieen bevat.

De porties in de meeste restaurants kun je geen gezonde porties noemen. Klanten houden van 'waar voor hun geld' en dus serveren restaurateurs grote borden vol. Duizend calorieën of meer is geen uitzondering. En wij vinden het zonde om niet alles op te eten want we betalen er dik voor. Dus eten we tot het bord leeg is.

In de Verenigde Staten doen ze het anders. De porties zijn daar nog veel en veel groter, maar het is er ook normaal om een deel mee naar huis te nemen in een *doggybag*, zodat je de volgende dag de rest thuis kunt opeten.

In New York is er tegenwoordig een wet die restaurants die onderdeel zijn van een keten, waaronder vooral de fastfoodrestaurants vallen, verplicht om het aantal calorieën van de producten op de menukaart te vermelden. Dat lijkt lovenswaardig, maar dit is weer een typisch voorbeeld van een preventieve maatregel die ervan uitgaat dat wij rationele beslissingen nemen. *Als* ze al enig resultaat sorteren, heeft dit soort maatregelen alleen invloed bij hoogopgeleiden. In dit geval is het effect bij laagopgeleide restaurantbezoekers onderzocht. Deze studie onder mensen met een lage opleiding liet geen verschil in calorie-inname zien tussen de twee weken *voor* de invoering en twee weken *na* het invoeren van de wet.

Veel kansrijker dan het vermelden van calorieën op de menukaart is de maatregel om de portiegrootte bij fastfoodketens en -restaurants aan banden te leggen. Dat deed New York in 2012, toen een wet ingevoerd werd die de maximale afmeting van een beker frisdrank beperkte tot een halve liter – nog steeds goed voor 50 gram suiker, bijna 13 klontjes. In de rest van de Verenigde Staten wordt frisdrank in steeds grotere bekers geserveerd. De meeste bevatten 1,25 liter en in de grootste bekers gaat meer dan twee liter. Dat zijn vijftig klontjes suiker.

In 2014 werd de wet in hoger beroep met succes aangevochten door tegenstanders van de wet. Daardoor werd de maatregel in New York weer ingetrokken, ironisch genoeg met het argument dat mensen in hun keuzevrijheid worden ingeperkt, terwijl je zou kunnen betogen dat de vrijheid van mensen juist wordt vergroot als de keuze om een bepaalde hoeveelheid frisdrank te drinken niet meer wordt genudged. Als een slap aftreksel wordt er nu in New York een klassieke campagne gevoerd die mensen vertelt dat frisdrank slecht voor ze is: *Are you pouring on the pounds?* Heel illustratief wordt een colaflesje leeggeschonken, waarbij de cola in het glas verandert in een glas vol wit glibberig vet. Niet erg smakelijk, maar dat was uiteraard ook de bedoeling. Het is niet waarschijnlijk dat dit gaat helpen, net zoals de afzichtelijke foto's op de buitenkant van pakjes sigaretten mensen niet van het roken afhouden.

Onlangs kon op televisie een woordvoeder van de frisdrankindustrie nog met droge ogen uitleggen dat frisdrank voor 90 procent uit water bestaat en je helpt om twee liter water per dag te drinken. Bovendien, zo zei hij, geeft het je tegelijk energie. Het geeft aan hoe groot de barrières zijn die de publieke gezondheid moet zien te overwinnen.

Restaurants en fastfoodketens zouden gratis water moeten serveren. Het mooiste zou zijn als ze karaffen water op tafel zetten, en anders zou er minstens een centrale plek aan de balie of de bar moeten zijn waar bekertjes of glazen staan en er een karaf of tappunt te vinden is. Veel koffieketens hebben dat al, maar in fastfoodketens zie je ze zelden.

Restaurants zouden in plaats van brood met roomboter ook vooraf soep kunnen serveren. Dat vult de maag, heeft weinig calorieën en is een goede manier om voldoende groenten binnen te krijgen. Wie liever kauwt op zijn eten zou profijt hebben van een *free salad bar*, zoals veel Amerikaanse restaurants tegenwoordig hebben. Het is dan wel belangrijk dat de blaadjes sla niet worden bedolven onder reepjes gebakken kip, spek, kaas en een romige dressing, want dan krijg je alsnog veel calorieën binnen. Wie denkt gezond bezig te zijn door bij een fastfoodketen een caesar salad te bestellen beseft niet dat deze salade 370 calorieën bevat; net zoveel als anderhalve hamburger.

Bij de samenstelling van menu's zou het goed zijn als fastfoodketens er *niet* automatisch frisdrank bij serveren. Het zou nog beter zijn als een menu daadwerkelijk een volwaardige maaltijd zou zijn, met in elk geval twee ons groenten en in totaal niet te veel calorieën.

Als een restaurant toch graag patat wil serveren zou het beter zijn als die in aparte schaaltjes op tafel gezet wordt. Mensen die meer patat willen eten zouden daar dan specifiek om mogen en moeten vragen. Serveer je patat op het bord, dan eten mensen niet tot ze genoeg hebben maar tot het bord leeg is.

Moeten restaurants dan regels opgelegd krijgen over wat voor eten ze mogen serveren? Is dat niet de ultieme betutteling? Mogen we straks geen patat meer eten van de voedselpolitie?

In de afgelopen honderd jaar kwamen er steeds striktere regels voor de hygiëne in restaurants. Er zijn regels over ononderbroken koeltransporten, voorraadbeheer, gescheiden snijplanken, schoonmaakprotocollen, voorwaarden aan de afzuiging en de betegeling van de keuken. Al deze maatregelen zorgen ervoor dat je als klant geen diarree krijgt als je ergens een kip of visje gaat eten. De consument wordt tegen infecties beschermd door de restaurateur regels op te leggen. In eenzelfde redenering moeten we voor restaurants aanvullende regels opstellen, niet om voedselinfecties verder aan banden te leggen maar om de later optredende hartinfarcten, beroertes en dementie te beteugelen. Bijvoorbeeld door protocollen op te stellen over de hoeveelheid groente die een maaltijd bevat, en de maximale hoeveelheid verzadigd vet, zout en calorieën die een maaltijd zou mogen bevatten.

Of de oproep voor verdere regelgeving aan ondernemingen uit den boze is? Sommigen menen van wel, maar de wet- en regelgeving rond alcohol is niet anders. Minutieus wordt daarmee vastgelegd wie waar welke hoeveelheden van verschillende soorten drank aan klanten mag verkopen. In Nederland is de regelgeving vooral op jeugdigen gericht, in het buitenland ook op volwassenen. Een ander voorbeeld. Is het principieel anders dan hoteliers regels voor brandveiligheid op te leggen om de gasten in het onwaarschijnlijke geval van brand het leven te redden? Of wat te denken van winkeliers die rond de jaarwisseling vuurwerk verkopen en beperkingen krijgen opgelegd?

EEN ONGELUK IN SLOW MOTION

Ouder worden is een ongeluk in slow motion. Omdat het zo langzaam gaat spreekt men gemakshalve over 'normale' veroudering. 'Het is slijtage.' Dat mensen slechthorend worden naarmate ze ouder worden vinden we normaal. Het hoort er nou eenmaal bij. Toch wordt niet iedereen op hoge leeftijd doof. Andersom zijn er jonge mensen die hun iPod te hard hebben ingesteld en op hun dertigste al een gehoorapparaat dragen.

Oud worden en ziek worden zijn niet synoniem aan elkaar, ze zijn niet onlosmakelijk met elkaar verbonden. Vroeger sprak men over 'seniele stijfheid'. Pas toen ontdekt werd dat er bij deze mensen in de hersenen een tekort is aan dopamine en er pillen kwamen om dit tekort aan te vullen, veranderde normale seniele stijfheid in de ziekte van Parkinson. Een ziekte die *niet* normaal was en behandeld moest worden. Daarom worden wij – Rudi en David – achterdochtig als de term 'normale veroudering' weer eens valt.

Achter het proces van veroudering steken allerlei oorzakelijke mechanismen en wanneer die eenmaal beter begrepen zijn kunnen artsen op zoek naar manieren om het proces te vertragen of te stoppen. Wat wij daarmee willen benadrukken is dat zolang slecht horen, slecht zien, slecht lopen, kortademigheid en vallen op hoge leeftijd als iets normaals worden beschouwd, niemand op zoek zal gaan naar een manier om het te voorkomen. Eens was kindersterfte zo normaal dat je als ouders vijf, zes levende kinderen ter wereld bracht in de hoop dat er daarvan twee in leven zouden blijven die voor je konden zorgen wanneer je zelf oud en gebrekkig zou zijn. Daar kunnen we ons nu niets meer bij voorstellen. Zoals we ons nu nog niet voor kunnen stellen dat mensen tot op hogere leeftijd chronische ziekten kunnen vermijden.

Wanneer we veroudering als een ongeluk in slow motion beschouwen, moeten we nauwkeurig in kaart kunnen brengen welke oorzaken stapsgewijs hebben geleid tot het ongeluk. Vervolgens is het zaak om te bepalen hoe we succesvol in deze processen kunnen ingrijpen.

Veel van de chronische ziekten die wij nu ouderdomskwalen noemen zijn vooral ook welvaartsziekten, die voortkomen uit de leefstijl die we in onze huidige omgeving hebben aangenomen. De nieuwe publieke gezondheid is een methode die door een verandering van de huidige omgeving bij mensen een andere en gezondere leefstijl opwekt en daardoor chronische ziekten uitstelt of voorkomt.

De nieuwe publieke gezondheid zet zich niet als eerste in om patiënten te behandelen voor hun ziekte. De nieuwe publieke gezondheid zet zich ook niet in om mensen ervan bewust te maken dat zij zich gezonder moeten gedragen. De nieuwe publieke gezondheid schept wel een nieuwe omgeving waardoor mensen zich onbewust gezonder gaan gedragen. De morele onderbouwing om door nudging het gedrag van mensen te sturen is simpel. Over de vraag of iemand later ziek of gezond wil zijn is geen discussie.

Mensen kunnen geholpen worden in hun streven om gezond oud te worden. De overheid heeft daarin een belangrijke rol door passende wet- en regelgeving op te stellen. Door de Arbowet – over de inrichting van de professionele werkplek – aan te passen, zodat wij niet langer hele dagen zullen zitten. Door het bouwbesluit – over de inrichting van woningen en gebouwen – te veranderen, zodat liften en niet de trappen als een noodfaciliteit worden aangemerkt. Maar ook door de openbare ruimte zo in te richten dat wij meer gaan bewegen. Door regels op te leggen aan bedrijven die tabakswaren of ongezonde voeding produceren.

In zijn boek *Revolution Justified – why only the law can save us now* spreekt de advocaat Roger Cox zich erover uit dat alleen wet- en regelgeving de wereld kan redden van de grote problemen waar wij nu mee worstelen. Van *global warming* tot de erbarmelijke arbeidsomstandigheden in Bangladesh aan toe. Racisme in de Verenigde Staten hield pas op te bestaan toen de wet gebood dat blank en zwart door dezelfde deur gingen. Tijdens zijn speeches galmt het '*Only the law can save us*' door de zaal, waarbij hij het woord *law* met veel nadruk uitspreekt. Zonder wet- en regelgeving geldt enkel het recht van de sterkste, het recht van persoonlijk gewin.

Veel te veel bedrijven misleiden ons nu, bewust en onbewust, om ons hun producten te laten kopen. Onze kinderen worden via cartoons op de verpakking verleid tot snoepen. Onze pubers worden via social media en speciaal ontwikkelde games genudged om te gaan roken, of door schaars geklede dames verleid om cola te drinken. Soms worden we gewoonweg ingepakt doordat resultaten van wetenschappelijke studies slim verdraaid worden, lobbyisten gesponsord, en parlementsleden omgekocht. Alle middelen lijken geoorloofd om omzet en winst te maximaliseren ten koste van onze gezondheid. Deze bedrijven aanspreken op moraal en ethiek heeft geen zin. De tabaksindustrie is daarvan een schrijnend voorbeeld. De wet kan daar door regelgeving tegenwicht aan bieden en de ongevraagde en ongewenste inbreuk op onze privacy aan banden leggen.

Moeten we dan toch gaan gebieden en verbieden? Jazeker, maar wel anders dan vaak wordt gedacht. De nieuwe publieke gezondheid vraagt niet om publiekscampagnes die mensen bepaalde zaken gebieden of verbieden. We moeten de nietsvermoedende burger niet meer verwijten dat hij de verkeerde keuzes maakt. Het is de producent die we moeten gebieden en verbieden. We hebben gezien hoe sterk keuzes van mensen worden beïnvloed door de omgeving waarin zij leven en werken, hoe makkelijk zij kunnen worden verleid. We moeten misleiding door de producent aan banden leggen. We zullen misleiders publiekelijk met gelijke wapens moeten bestrijden, met verleidende campagnes, met reclame en met regelgeving. Zolang we nog niet over de daarvoor noodzakelijke middelen beschikken, zullen we het gebruik van frisdrank en fastfood niet tot normale proporties kunnen terugdringen, en het roken door de jeugd niet kunnen beteugelen.

Dat de overheid een verantwoordelijkheid oppakt en wetgeving opstelt om deze ongewenste gezondheidrisico's in onze omgeving te vermijden is geen onaanvaardbare beïnvloeding van het privédomein. Passende wet- en regelgeving beperkt de ongevraagde en schadelijke beïnvloeding door anderen. Menig entrepreneur beïnvloedt onze kinderen met tekenfilms, onze pubers met schaars geklede popidolen, en de rest van het land met glitter & glamour, enkel om de omzet te vergroten. Supermarkten vertonen ongepast gedrag door ons zoete en vette producten voor te schotelen als we in de rij staan te wachten. Wij worden voortdurend betutteld, verleid en misleid. Daar moet tegenwicht aan geboden worden omdat iedereen in Nederland gelijke kansen moet hebben op een gezonde oude dag.

Het is opmerkelijk dat de denkwijze achter de nieuwe publieke gezondheid nog niet stelselmatig wordt toegepast. Dat menigeen zich afvraagt of je met dit soort maatregelen niet te ver ingrijpt in de eigen keuzes van mensen, omdat die tenslotte ook een eigen verantwoordelijkheid hebben. Maar de denkwijze is niet nieuw en de daaruit voortvloeiende wet- en regelgeving niet uniek. Twee voorbeelden. Toen de late gevolgen van asbest duidelijk werden – na het inademen van de vezels kun je 20-30 jaar later longkanker ontwikkelen – was er een algemene roep om de blootstelling aan asbest te verminderen. De maatregel was niet om mensen te verbieden asbest te kopen of asbest in huis te hebben. In plaats daarvan is er aan producenten een verbod opgelegd om asbest in hun producten te verwerken. Consumenten die op zoek zijn naar brandwerend materiaal of dakbedekking, kopen daardoor automatisch de juiste asbestvrije producten. Eenzelfde denkwijze is gevolgd bij het wettelijk verbieden van woekerpolissen, waarbij de financiële instellingen gedwongen zijn om deze producten uit de markt te nemen omdat de kosten en risico's voor de consument te groot werden geacht. In beide gevallen heeft bijna niemand getwijfeld over de noodzaak en de wijze waarop deze problemen moesten worden opgelost.

De nieuwe publieke gezondheid is niet enkel de verantwoordelijkheid van het ministerie van Volksgezondheid. Het is de verantwoordelijkheid van iedereen die beleid maakt en de publieke ruimte vormgeeft. De nieuwe publieke gezondheid is evenzeer een verantwoordelijkheid van de ministeries die gaan over Arbowetten, bouwbesluiten, vervoer en verkeer. De verantwoordelijkheid voor de – uitvoering van – de nieuwe publieke gezondheid ligt zeer zeker ook bij de lokale bestuurders. In al hun voornemens zullen zij de effecten van hun beleid op de volksgezondheid moeten afwegen. Ten slotte is de publieke gezondheid ook een verantwoordelijkheid van burgers die, al dan niet in een professionele rol, deel uitmaken van de publieke ruimte en daar een rol spelen. Denk aan hen die een functie hebben als bestuurder van een school, als werkgever, als architect, maar ook als opbouwwerker of vrijwilliger in de buurt, als buurman of buurvrouw. We zullen gezamenlijk een nieuwe publieke ruimte moeten ontwikkelen waarin de aantrekkelijke, makkelijke en vanzelfsprekende keuzes ons als regel gezondheidswinst opleveren.

Schaf de waarschuwingsteksten op sigarettenpakjes maar af, die zijn een typisch voorbeeld van bewuste keuzes proberen te beïnvloeden en dat werkt niet. De veronderstelling dat afschrikwekkende teksten of foto's mensen inzicht geven en hen zouden doen beslissen om te stoppen met roken, blijkt in de praktijk niet te kloppen. In het geval van roken nemen wij geen rationele beslissingen. Waarschijnlijk is het verplicht stellen van blanco sigarettenpakjes het meest effectief. Als er geen merknaam op staat kun je er ook geen reclame voor maken. Dat geldt voor de producent *en* de consument. Menig roker laat met zijn pakje zien hoe hij denkt, waar hij voor staat, en wie tot zijn/haar vrienden behoren. Hoewel het sinds 2002 niet meer is toegestaan om op televisie of in bushokjes reclame te maken voor tabak gebeurt dit nog steeds massaal door sluikreclame en op internet. YouTube staat vol met pro-roken-video's. In sommige filmpjes gebeurt dat nog enigszins verdekt maar in andere filmpjes prijzen jongeren onverbloemd de verschillende merken aan in hun 'cigarette review'.

Een effectieve preventie wordt bereikt door ons ervan bewust te zijn van het feit dat het ons moeite kost om onze instincten in evenwicht te brengen met de omgeving waarin wij nu leven. Vele verslavingen zijn daarvan het gevolg. Zo zou een hogere minimumleeftijd voor de verkoop van sigaretten een goede zet zijn omdat pubers nu eenmaal het gevoeligst zijn voor *peer pressure.* We moeten hun goed gedrag aanleren door hun vrienden niet te laten roken.

Denk niet dat volwassenen ongevoelig zijn voor peer pressure. Mensen zijn sociale dieren en we doen er alles aan om elkaar te behagen. Mensen zijn als een kameleon. Wij nemen de kleur van onze omgeving aan, wij willen ergens bij horen. Ook daar is evolutionair op geselecteerd. Mensen kunnen alleen maar overleven wanneer zij leven in groepen, seks hebben, en elkaar helpen bij het opvoeden van hun kinderen.

De wetgeving die openbare gebouwen en de werkplek rookvrij maakte was een heel effectieve preventieve slag. Een klassiek voorbeeld van een omgevingsinterventie. In korte tijd werd het als *not done* beschouwd om te roken en inmiddels beklagen rokers zich erover dat zij als paria's worden behandeld en naar de uithoeken van de openbare ruimte worden verbannen. Verschillende studies hebben laten zien dat de sterfte aan hart- en vaatziekten afneemt vanaf het moment dat landen het roken in openbare gebouwen verbieden. Interessant is dat ook de sterfte van de niet-rokers afneemt, een fraaie illustratie van het effect van meeroken. Dergelijk anti-rookbeleid zou door moeten bouwen op zijn succes en nog verder moeten worden ontwikkeld om onze omgeving sigarettenvrij te maken. In verschillende Amerikaanse steden is de binnenstad al rookvrij. Het is opmerkelijk maar niet onverwacht dat juist in dit land van onbegrensde mogelijkheden wettelijke grenzen aan het toelaatbare worden opgeworpen om zijn bewoners tegen elkaar te beschermen.

Mensen in Nederland willen graag gezond oud worden. Daarvoor zijn ze bereid een groot deel van hun inkomen af te staan voor belasting en premies, en de overheid en ziektekostenverzekeraars de verantwoordelijkheid te geven voor de volksgezondheid. Iedere vier jaar stemmen we op (lokale) politici van wie wij denken dat zij het gezondheidsbeleid het best vorm kunnen geven. Het is daarom belangrijk dat de besluitvorming daarover ook transparant en evenwichtig tot stand komt en dat alle feiten en sentimenten ter sprake worden gebracht. Machtspolitiek om eigenbelang door te drukken moet worden geminimaliseerd. Op dit moment investeren grote bedrijven, multinationals en industrieën forse bedragen om politici aan hun kant te krijgen. Enkel in Brussel zijn er al 97 betaalde lobbyisten aan wie de tabaksindustrie jaarlijks 5 miljoen euro betaalt om hun belangen te vertegenwoordigen. In Nederland is het nu nog onduidelijk wie er wel of geen geld van de tabaksindustrie ontvangt. Dat zou openbaar en gereguleerd moeten worden. Het is dit soort wet- en regelgeving waarmee we onze volksgezondheid op een hoger peil kunnen brengen. En het is effectiever dan afschrikwekkende plaatjes af te drukken op pakjes sigaretten.

Een ander voorbeeld is de huidige wet- en regelgeving over voedselverpakkingen. De wet verplicht bedrijven om de hoeveelheid calorieën op de verpakking te zetten. Dit werkt goed voor mensen die de spekkietest goed hebben doorlopen. Maar om ervoor te zorgen dat niet alleen hoogopgeleide Nederlanders gezond blijven maar de gezondheid van het hele volk wordt gestimuleerd, moet er beleid worden ontwikkeld dat juist onze onbewuste keuzes beïnvloedt. Bijvoorbeeld door de waanzinnige verpakkingen van bepaalde producten in de supermarkt te verbieden, en in eenzelfde redenatie de portiegrootte in fastfoodrestaurants, zoals met frisdrankbekers in New York een tijdje het geval is geweest.

Besturen vraagt om visie, doorzettingsvermogen en een lange adem. Een visie die verder gaat dan een regeer- of aanstellingsperiode. Het gaat om kernwaarden waaraan het dagelijks beleid getoetst wordt. In Kopenhagen heeft men ervoor gekozen dat de fiets het belangrijkste vervoermiddel is om je naar en binnen de stad te verplaatsen. Zo'n zienswijze verander je niet elke vier jaar. Sinds 1996 wordt bij elk beleid gekeken wat daarvan het effect is voor de 'befietsbaarheid' van de stad. Niet alleen bij de aanleg van een nieuwe straat, ook bij het bouwen van huizen, kantoren, stations. En ook wordt het effect doorberekend van maatregelen die niet over de bebouwde ruimte gaan, maar over duurzaamheid, bereikbaarheid, werkgelegenheid en sociaal beleid. Altijd wordt even stilgestaan bij de rol van de fiets en wordt er geen kans onbenut gelaten om de fietser tegemoet te komen. En met succes. Inmiddels gebruikt al bijna de helft van de inwoners de fiets voor het woon-werkverkeer.

Ook ik – Rudi – kan niet meer zonder fiets. Onze auto is in Nederland achtergebleven. Ik zou voor een Deens kenteken een heffing van 8000 euro moeten betalen. Ten eerste omdat het een grote auto was en ook nog eens een oude auto – een vervuiler. Die willen ze daar niet. Het gevolg is dat ik nu autoloos ben. In plaats daarvan besloten mijn vrouw en ik dat het beter was om twee nieuwe fietsen te kopen. Het was onze eigen keuze maar dat sluit niet uit dat ik daar door de Deense belastingregels toe ben verleid. En daar lig ik niet wakker van.

Beleid kan verleiden en sturen met financiële prikkels. Onderzoek laat zien dat financiële prikkels succesvol zijn om gezond gedrag te bewerkstelligen. Eerder zagen we dat betaald parkeren op je werk de sterkste prikkel is om mensen te laten fietsen. Het zou zonde zijn als de overheid deze maatregelen niet in zou zetten om burgers, om werknemers, langer gezond te houden. We houden niet van een vet-taks, maar hij wérkt wel, en dat is precies de reden dat we dit soort maatregelen toch zouden moeten inzetten. We houden ook niet van verkeersregels, en van boetes al helemaal niet, maar toch is het goed dat ze er zijn, want dat draagt eraan bij dat miljoenen mensen zich dagelijks veiliger en efficiënter door de publieke ruimte kunnen verplaatsen.

Onlangs wist Kopenhagen Amsterdam voorbij te streven als meest fietsvriendelijke stad, omdat Kopenhagen structureel maatregelen heeft genomen om nog meer mensen op de fiets te krijgen. Op eenzelfde manier kan Nederland een voorbeeld worden van hoe je een land inricht voor een ouder wordende bevolking. Niet alleen bij vraagstukken over de zorg, maar ook bij economische ontwikkelingen of sociaal beleid zal telkens weer de vraag gesteld moeten worden hoe dit zal uitpakken voor de lengte en de kwaliteit van leven, en de betrokkenheid van ouderen in het maatschappelijk verkeer. Op wat voor manier stelt het mensen in de gelegenheid om tot op hoge leeftijd gezond, actief en betrokken te zijn?

Hoe de rol van de dokter verandert onder invloed van de nieuwe publieke gezondheid. Hoe voorkomen we dat een doorgeschoten medische reflex leidt tot medicalisering, met alle negatieve gevolgen en kosten van dien?

13
DE DOKTER

IN GESPREK MET DR. FRANK

Hoe verandert de rol van de dokter onder invloed van de nieuwe publieke gezondheid? We introduceren dokter Frank van Berkum, bekend van de bestseller *Gezond slank met dr. Frank.* Behalve bestsellerauteur is dokter Frank een internist uit Twente die al zijn hele leven patiënten met zeer ernstig overgewicht behandelt. Niemand anders die weet hoe eenvoudig het recept voor gezonde veroudering kan zijn en hoe weerbarstig dit in de praktijk kan uitpakken. Bij veel mensen die hij begeleidt lukt het uiteindelijk niet om een gezondere leefstijl te waarborgen. We hebben het dan over mensen die een extreem overgewicht hebben, met 130, 150, 170 kilo aan de botten. Deze patiënten begeleidt hij richting de chirurg voor een ingrijpende operatie: een maagbandje, een maagverkleining, of een soort bypassoperatie waarbij de maag wordt aangesloten op het laatste stukje van de dunne darm, waardoor het eten onverteerd het lichaam weer verlaat.

Door het aanleggen van een maagbandje maak je de ingang van de maag bijna helemaal dicht. Het resultaat is dat er bijna geen eten meer in kan en iemand iedere keer dat hij of zij meer dan twee happen neemt alles weer uitbraakt. Je zou bijna denken dat je net zo goed een bandje om de mond zou kunnen aanbrengen. Sterker nog, zoiets is in het verleden al geprobeerd door met een beugel de kiezen op elkaar vast te zetten. Het was opmerkelijk dat deze patiënten zich nog steeds overaten, terwijl ze wanneer zij moesten overgeven bijna stikten in hun braaksel omdat zij hun mond niet goed open konden doen.

Dr. Frank is ervan overtuigd dat de ingrijpende operatieve behandeling van ernstig overgewicht voor sommige patiënten de beste behandeling is. Hij heeft tientallen jaren ervaring en heeft gezien dat er een groep patiënten is bij wie niets helpt. Voor hen moet een zo ingrijpende operatie als passende zorg worden beschouwd. Zonder zo'n operatie zouden zij nog verder in gewicht toenemen, lopen aandoeningen als suikerziekte en hoge bloeddruk volstrekt uit de hand, ontwikkelen zij vroeg in het leven ernstige complicaties, worden zij invalide en komen vroegtijdig te overlijden.

Bij dergelijke extreme gevallen helpt zo'n operatie inderdaad goed. Jonge patiënten met ernstige suikerziekte kregen weer normale bloedsuikers, bloeddrukken, en cholesterolwaarden maar ook hun welbevinden verbeterde sterk.

Een kwart van de patiënten die dr. Frank behandelt is in zijn of haar jeugd seksueel misbruikt, veel van hen zijn zwakbegaafd, en een groot deel zit inmiddels in de schuldsanering. Eten is hun manier van omgaan met de harde wereld, zoals wij allemaal weleens snaaien wanneer we het even niet zien zitten. Maar bij deze patiënten is dit gedrag, om diverse redenen, zo uit de hand gelopen dat er geen weg terug meer lijkt te zijn. De achtergrond van hun eetprobleem is zo complex, dat het niet met folders, niet met gedragsverandering en niet met dieetadviezen is op te lossen. Voor hen is een ingrijpende operatie de enige behandeling die soelaas biedt, en daarom is het voor deze ernstig zieke patiënten passende zorg.

Dat deze behandeling succesvol is bij déze groep patiënten moet er niet toe leiden dat we overwegen om de helft van de Nederlanders die overgewicht hebben te gaan behandelen met een maagbandje of maagverkleining. Dat is ongepaste zorg. Wat gepaste zorg is voor ernstig zieke patiënten is *ongepaste* zorg voor mensen die slechts een voorstadium hebben van de ziekte. Niet alle overgewicht is hetzelfde, en extreem overgewicht wordt in de regel veroorzaakt door andere factoren dan 'gewoon' overgewicht. Elke dag net iets te veel eten en net iets te weinig bewegen – waardoor je in de loop van de tijd tonnetje rond wordt – is iets volstrekt anders dan wanneer je door sociale factoren en/of economische omstandigheden psychisch zo in de problemen bent gekomen dat je je gigantisch gaat overeten. Omdat de oorzaken zo verschillen zijn de (medische) oplossingen ook zo uiteenlopend. Voor hen die een maagbandje nodig hebben is een recept voor fietsen ongepast, en het omgekeerde geldt ook.

IEDEREEN PATIËNT

Eerder hebben we laten zien we dat de medische reflex die passend is voor extreme patiënten ook wordt toegepast bij grote groepen mensen die veel minder ernstig zijn aangedaan. Omdat de onderliggende oorzakelijke factoren niet dezelfde zijn wordt het gunstige effect van de medische ingreep – pillen, poeders, operaties of een combinatie daarvan – in verhouding met de bijwerkingen minder positief of zelfs negatief. Deze doorgeschoten medische reflex heet 'medicalisering', en daardoor worden hele groepen mensen als patiënten gecategoriseerd met alle negatieve gevolgen, en kosten, van dien.

Er zijn vele voorbeelden van medicalisering. Bij kinderen met terugkerende verkoudheden kan de KNO-arts besluiten om de amandelen te verwijderen. Sommige kinderen krijgen door een verkoudheid problemen met hun oren. De verstopte neus leidt ertoe dat het oor niet goed afwatert en daardoor gaat ontsteken. Als dat meerdere keren gebeurt kan het gehoor beschadigd raken. Bij de kinderen die daar bovenmatig last van hebben is het knippen van de amandelen zo succesvol dat er steeds meer verkouden kinderen naar de KNO-arts werden verwezen. Maar slechts een minderheid van deze verwezen kinderen heeft zoveel last dat het knippen van de amandelen meer winst dan bijwerkingen oplevert. Toch worden in Nederland jaarlijks bij ongeveer 20 000 kinderen de amandelen geknipt. Dat is veel en veel te veel, helemaal als je weet dat een deel van de kinderen door de ingreep een ernstige infectie of een nabloeding oploopt en er elke paar jaar zelfs een kind aan de ingreep overlijdt. In vergelijking met Engeland en Italië knippen wij bij vier keer zoveel verkouden kinderen de amandelen. Dat wil overigens niet zeggen dat ze in Italië of Engeland alleen maar afwachten. Daar geven ze vaker antibiotica, terwijl de meeste verkoudheden door een virus veroorzaakt worden en vanzelf overgaan. Dat is ook een medische reflex.

In 2012 werd met een experimentele studie in Nederland vastgelegd wat iedereen eigenlijk al wist: dat er geen verschil is tussen niets doen en de amandelen knippen bij kinderen die gewoon verkouden zijn. Kinderen zijn in de regel beter af met een dokter die het mes in zijn zak houdt, neusdruppels voorschrijft, geruststelt en afwacht. Er waren al eerder studies gepubliceerd die dit terughoudende beleid ondersteunden en daarom werd al in 2007 in de Nederlandse richtlijnen opgenomen dat het knippen van de amandelen op strikte indicatie moet gebeuren. Toch sluipt de medische reflex er steeds weer in.

Voor kinderen die door terugkerende oorinfecties gehoorschade dreigen op te lopen is het geweldig dat er KNO-artsen zijn die deze oorproblemen met een eenvoudige chirurgische ingreep kunnen voorkomen. Het is fantastisch dat KNO-artsen minuscule buisjes in het trommelvlies kunnen plaatsen om te voorkomen dat oren beschadigd worden wanneer het knippen van de amandelen niet heeft geholpen. Het wordt adembenemend wanneer de KNO-artsen in een beschadigd oor met microscopische precisie zelfs de kleinste botjes van het menselijk lichaam weer kunnen repareren. Maar zij moeten ervoor waken dat ze hun technisch kunnen ook bij doorsnee snotterende kinderen inzetten.

Er zijn verschillende redenen waarom artsen en patiënten in medicalisering vervallen. Een daarvan is dat in de regel het lichaam de ziekte *zelf* klaart en na verloop van tijd de meeste patiënten beter worden, of ze nu medisch behandeld zijn of niet. Zo zien KNO-artsen iedere dag het 'succes' van hun behandeling. Iedere patiënt die ze geopereerd hebben komt drie weken later weer gezond en tevreden terug op controle. Ook wanneer het doorsnee snotterende kinderen waren en de ingreep niet nodig was geweest. Daarom laten studies zien dat deze patiëntjes drie weken later ook weer kwiek en fit op het spreekuur zouden komen als de dokter niets had gedaan. Het natuurlijk verloop is veel gunstiger dan wij vaak denken. Dat is goed nieuws, maar dokters willen heel graag mensen helpen, en ouders willen heel graag dat er krachtig wordt ingegrepen. 'Je weet maar nooit.' Beide partijen beseffen onvoldoende dat kinderen het beste af zijn door niets te doen en het natuurlijk herstel zijn beloop te laten gaan.

Wanneer een ouder erop staat dat er nu 'echt' iets moet gebeuren, want het is immers al de zoveelste keer dat hun zoon verkouden is, dan is het voor een arts moeilijk om de ouders gerust te stellen en hen ervan te overtuigen dat het knippen van de amandelen het kind niet meer of minder vaak verkouden maakt. Geknipt of niet geknipt, in beide gevallen snotteren de kinderen gemiddeld acht keer per jaar, en de ernst van de verkoudheid blijkt hetzelfde te zijn. Al dat gesnotter is vervelend, zowel voor het kind als voor de ouders. Gelukkig is het na hun achtste jaar grotendeels voorbij. Dan hebben kinderen de meeste virussen 'gezien' en heeft het afweersysteem antistoffen aangemaakt waardoor het kind minder, of niet meer vatbaar is. Om dat uit te leggen aan ouders vraagt tijd en geduld van artsen.

Gelukkig zijn er steeds meer artsen die ervan overtuigd raken dat zij sommigen van hun patiënten het beste helpen door ze eenvoudiger of zelfs helemaal niet te behandelen. Het toonaangevende medisch tijdschrift *The British Medical Journal* is een aantal jaar geleden een campagne gestart: *too much medicine.* Daarin vermijden ze scherpe woorden en stevige uitspraken niet: 'Overbehandeling is een gevaar voor de gezondheid van mensen en een verspilling van middelen.' In 2015 heeft de KNMG – de beroepsorganisatie van artsen – haar standpunt ingenomen in het rapport 'Niet alles wat kan, hoeft'. Er is niets nieuws onder de zon. Het zijn echo's uit het verleden. Al in 1975 maakte de publicist, filosoof en theoloog Ivan Illich in Nederland furore met het boek *Grenzen aan de geneeskunde: het medisch bedrijf – een bedreiging voor de gezondheid?*

Wat geldt voor het verwijderen van de amandelen geldt ook voor andere veelvoorkomende chirurgische behandelingen, zoals het verwijderen van de galblaas of de baarmoeder.

Veel vrouwen kampen met extra bloedverlies in de jaren voor de menopauze. Vaak wordt dit veroorzaakt door goedaardige vleesbomen. Bij sommige vrouwen die last hebben van overmatig bloedverlies verwijderen gynaecologen de baarmoeder. Dit is een definitieve, ingrijpende maar succesvolle ingreep. Zonder baarmoeder zijn er uiteraard geen bloedingen meer. Het succes van deze ingreep mag echter geen reden zijn om bij alle vrouwen die bij de gynaecoloog komen met onregelmatig bloedverlies de baarmoeder te verwijderen. Soms kan een minder ingrijpende behandeling zoals het voorschrijven van de anticonceptiepil voldoende zijn om de laatste jaren tot aan de menopauze te overbruggen, waarna de klachten vanzelf overgaan.

In Amerika zijn er grote verschillen in het medisch handelen wanneer je de afzonderlijke staten, regio's met elkaar vergelijkt. In sommige gebieden heeft minder dan de helft van de vrouwen op middelbare leeftijd nog een baarmoeder. Wanneer je rekening houdt met de verschillende bevolkingssamenstelling blijkt de enige voorspeller van het aantal baarmoederoperaties het aantal geregistreerde gynaecologen in die regio. Daar waar veel gynaecologen werkzaam zijn worden meer baarmoeders verwijderd. Gynaecologen doen goed werk, maar niet elk bloedverlies hoeft met de medische reflex, een ingreep, te worden opgelost. Het operatiemes levert niet altijd passende zorg.

EEN PIL VOOR ELKE KWAAL

Er zijn ook tal van voorbeelden van de medische reflex buiten de chirurgie, bijvoorbeeld bij het voorschrijven van medicijnen. Bij kinderen met een ernstige vorm van ADHD kan Ritalin helpen patiënten te laten functioneren in de dagelijkse omgeving van school, vereniging en thuis. In deze gevallen is de balans tussen werking en bijwerking gunstig. Dat Ritalin bij patiënten goed werkt is echter geen reden om alle drukke kinderen dagelijks medicijnen te laten slikken. Gemiddeld genomen zal bij hen die balans tussen werking en bijwerking niet gunstig zijn. Maar omdat niemand dat eigenlijk echt weet wordt er te veel voorgeschreven en driftig geslikt.

Voor patiënten met een ernstige depressie – de psychiaters spreken van 'major depression' – zijn er medicijnen ontwikkeld die hen kunnen helpen om weer licht aan het einde van de tunnel te zien en de draad van het leven op te pakken, en die zelfdoding kunnen voorkomen. Deze positieve effecten bij patiënten met een ernstige depressie kunnen niet de reden zijn dat momenteel een miljoen Nederlanders die bij vlagen last hebben van sombere gedachten en neerslachtigheid deze medicijnen gebruiken. Een nauwkeurige wetenschappelijke evaluatie van alle wetenschappelijke studies naar het effect van moderne antidepressiva liet zien dat deze geneesmiddelen bij milde vormen van depressie geen meerwaarde hebben boven een placebo, neppillen. Toch werd in de afgelopen jaren in de richtlijnen opgenomen om bij steeds lichtere vormen van depressie en bij rouw antidepressiva voor te schrijven. Veel te veel mensen in ons land worden met pillen behandeld die niet helpen, bijwerkingen opwekken, veel geld kosten en hen afhankelijk maken van het geneeskundig bedrijf.

Soms moet de dokter bij ernstig zieke patiënten ingrijpende zorg leveren. Zachte heelmeesters maken immers stinkende wonden. Dat betekent echter niet dat hele drommen mensen tot patiënt moeten worden gemaakt.

Waarom onze zorg soms misschien wel té goed is: omdat ouderen en patiënten alle activiteit uit handen wordt genomen. Hoe creëert de dokter de ideale omstandigheden voor het lichaam om zélf te genezen?

14

HET ZIEKENHUIS EN VERPLEEGHUIS

ONZE ZORG IS TE GOED

Ouderdom komt met gebreken. Ook voor wie gezond leeft komt er een moment waarop hij of zij zorg nodig heeft. Gezond doodgaan kan niet, uitzonderingen door ongevallen daargelaten. Gelukkig wonen wij in een land met uitstekende voorzieningen. Wanneer er zorg nodig is staan er hoogopgeleide professionals klaar in moderne ziekenhuizen en in woon-zorgcentra. En dat is niet alleen voor de rijken in ons land. Iedereen kan aanspraak maken op goede zorg, en met die toegankelijkheid staan we boven aan de internationale ranglijstjes.

Misschien is onze zorg soms zelfs wel té goed. Door mensen heel goed te verzorgen, door alles van hen over te nemen, gaan ze soms sneller achteruit. Wie in het ziekenhuis ligt wordt alles uit handen genomen. Je koffie en thee worden gezet, je boodschapjes gehaald, je boterhammen op bed bezorgd en je eten gekookt. Het enige wat je hoeft te doen is op bed liggen. Voor sommige ernstig zieke patiënten is het goed om te liggen en te rusten. Maar als je door de ziekenhuisgangen van een ziekenhuis loopt zie je de meeste patiënten onderuitgezakt op bed een boek lezen, een film kijken of op internet surfen. Deze mensen zijn niet doodziek, zij zijn in een ziekenhuis omdat ze een behandeling of onderzoek moeten ondergaan. Voor veel van deze mensen is het helemaal niet goed om hele dagen op bed te liggen of te hangen.

De tijd die mensen in ziekenhuizen verblijven wordt steeds korter. Deels heeft dit te maken met de noodzakelijke efficiëntie en kostenbesparing, maar juist ook met resultaten van nieuwe onderzoeken. Moesten patiënten met een hernia vroeger zes weken platliggen, nieuw onderzoek laat zien dat het beter is om te blijven bewegen. Een ander voorbeeld is de gang van zaken na een heupfractuur. Tegenwoordig is de norm om binnen vierentwintig uur na de val geopereerd te zijn en de dag erna weer uit bed te komen. De beste manier om na een heupoperatie te herstellen is om de spieren en botten te gebruiken waar ze voor bedoeld zijn: zo snel mogelijk weer staan en bewegen. Dat voorkomt dat je je spierkracht verliest, brengt je conditie weer op peil en voorkomt dat je botten ontkalken.

Immobiliteit – stilzitten of liggen – is om verschillende redenen slecht. Rust roest. In de eerste plaats omdat je er spier- en botmassa door kwijtraakt, maar ook omdat je stofwisseling achteruitgaat. Aangezien er al na korte tijd zitten ongezonde effecten in het metabolisme optreden, is het voorstelbaar dat hele dagen op bed liggen vermeden moet worden. Immobiliteit heeft ook ronduit gevaarlijke bijwerkingen. Wie de hele dag zit of op bed ligt heeft een verhoogd risico op trombose. Het bloed uit de benen stroomt dan niet als vanzelf weer omhoog. Door je spieren aan te spannen en te ontspannen, pomp je het bloed terug naar het hart. Als je niet beweegt mis je deze spierpomp, het stilstaande bloed kan gaan stollen en een vat helemaal afsluiten, waardoor het been dik, rood, warm en pijnlijk wordt.

Een trombosebeen is gevaarlijk omdat de stolsels in de vaten van de benen los kunnen schieten en via de bloedstroom naar de longen vervoerd worden, waar ze longembolieën veroorzaken. Als een stolsel een groot deel van de longen afsluit is dit een levensbedreigende situatie; vergelijk het met een hartinfarct. Dat is ook de reden dat mensen die ernstig ziek en niet mobiel zijn antistollingsmiddelen krijgen toegediend.

Er zijn nog veel meer gevaren van overmatig zitten en liggen in zorginstellingen. Mensen verslikken zich op bed eerder en ademen in een stoel minder goed door. Beide kunnen leiden tot longontstekingen, die niet zelden de voorbode zijn van overlijden. Een bed is om 's nachts in te slapen. Kortom, we moeten er álles aan doen om patiënten te mobiliseren, uit bed en uit de stoel zien te krijgen. De standaard in een ziekenhuis of een zorginstelling moet zijn om overdag niet op bed te liggen. Ook patiënten die niet ernstig ziek zijn moeten de hele dag rondscharrelen in de huiskamer.

Dat rondscharrelen heeft nog een tweede voordeel, want hierdoor kunnen mensen de tijd aangenamer doorbrengen en meer met elkaar in contact komen. Het is eigenlijk apart dat zieke en afhankelijke mensen, juist op een moment dat ze behoefte hebben aan steun van anderen, worden 'opgesloten' in een eenpersoonskamer, waar ze de hele dag naar het plafond liggen te staren of tv zitten te kijken. In het ziekenhuis is het bezoek beperkt tot een uurtje 's middags en een uurtje 's avonds. Te vaak zijn woon-zorgcentra een onneembaar bastion geworden waar de professionele routine het dagritme bepaalt. Gek genoeg zijn onze zorginstellingen geen gezonde omgeving.

Zorginstellingen staan ook niet bekend als de beste plek om uit eten te gaan. Het is vanzelfsprekend dat er niet met de voedselveiligheid kan worden gesmokkeld, maar het verlies aan plezier in eten heeft een prijs. Het valt niet mee om voldoende calorieën tot je te nemen wanneer het eten je niet smaakt en ondervoeding ligt in het ziekenhuis om die reden op de loer. Het is schrijnend dat voor veel woon-zorgcentra hetzelfde geldt. Gewichtsverlies van ouderen is daar een groot probleem. Verschillende studies hebben al laten zien dat als je lekkerder eten serveert in een meer huiselijke setting bewoners beter op gewicht blijven en ondervoeding kan worden vermeden. Het is de omgeving die bepaalt of je jezelf overeet, of dat je ondervoed raakt.

HUISHOUDEN ALS BESTE SPORT

Huishoudelijk werk is de gezondste vorm van sport. Het is niet extreem zwaar maar wel afwisselend, zodat je je gewrichten en spieren regelmatig belast, en het onderbreekt perioden van inactiviteit. Een goede huisman of huisvrouw is immers de hele dag bezig met een klusje hier, een wasje daar, een boodschapje, een kind dat gevallen is, een rondje met de hond of een praatje met de buren. Je kunt je bijna niet beter trainen om gezonder oud te worden of dat te blijven. En toch is het juist dit soort activiteit die je in een woon-zorgcentrum vaak ontnomen wordt. De boodschappen worden voor jou gedaan en er wordt voor jou gekookt en schoongemaakt. Het personeel zorgt op deze wijze 'te goed' voor ouderen, zodat ze ervan achteruitgaan. We ontnemen ouderen hun dagelijkse activiteit en de mogelijkheid om regelmatig te trainen. In ruil daarvoor geven we de bewoners een aantal keer per week een uurtje gymnastiek, onder leiding van daarvoor speciaal aangestelde therapeuten.

Dagelijkse routine in een woonzorgcentrum moet eruit bestaan dat oudere mensen alles wat ze nog zelf kunnen ook echt zelf doen. Waarom kunnen de bewoners geen aardappels meer schillen, geen tafel afruimen? Wie niet alleen naar de winkel kan of wil, kan misschien met de buurvrouw meegaan zodat ze samen kunnen lopen. Dat is beter en leuker dan een uurtje gymnastiek in een zaaltje. Mensen helpen zelfredzaam te zijn is in alle opzichten de beste strategie.

In Denemarken zijn er vrijwel geen verzorgings- of verpleeghuizen meer, een uitvloeisel van wet- en regelgeving uit 1987. Hulpbehoevende mensen, ook jongeren, wonen in groepjes aan elkaar geschakelde woningen bijeen. Let wel, iedereen huurt zijn eigen woning, maar de gemeenschappelijke binnenplaats is bestemd voor de plaatselijke zorginstelling die vanuit daar ondersteuning en zorg biedt. Er is een gemeenschappelijke achterdeur en een private voordeur. Ook mensen met dementie wonen op die manier zelfstandig. En vanzelfsprekend wordt er gemeenschappelijk gekookt, de tafel gedekt en gegeten. Het geheel functioneert als een woongroep onder begeleiding, en wellicht is dat in dergelijke omstandigheden wel de beste oplossing. Hier helpt de omgeving de oudere om de dagelijkse gang van het leven zo lang mogelijk vol te kunnen houden. En van betutteling is geen sprake. Wanneer het je er niet bevalt zeg je je huurcontract op en vertrek je naar een ander huis of een andere woongroep.

GARDE MALADE

Ver van Nederland en Denemarken, in het noordoosten van Ghana, gaat Kwaku niet alleen naar het ziekenhuis als hij er wordt opgenomen. Hij wordt vergezeld door een familielid. Niet voor de gezelligheid, maar om voor hem te koken en om hem te verzorgen. Het verplegend personeel in een ziekenhuis in Ghana is er alleen voor de medische handelingen. Dat gaat zo in Ghana maar ook op heel veel andere plekken in de wereld. In de Franstalige Afrikaanse koloniën heet iemand die de zieke begeleidt heel fraai een 'garde malade'. In het ziekenhuis slaapt naast de patiënten dus de garde malade. Onder het bed, naast het bed, of buiten op de betonnen bankjes. Dat lijkt armoedig, en dat is het ook, maar misschien kunnen we er nog wel iets van leren.

De dokter geneest niet. Dat moet de patiënt zelf doen. Een dokter kan de ideale omstandigheden creëren voor het lichaam om zelf te genezen. De dokter kan een wond ontsmetten en hechten, de twee uiteinden tegen elkaar aan leggen met een draadje. De wond dichten, het genezen, dat doet het lichaam zelf. De dokter schept de juiste omstandigheden en eigenlijk geldt dat voor al het dokterswerk. Medicijnen creëren in het lichaam de ideale omstandigheden zodat het lichaam zelf kan genezen.

Zo moet het ziekenhuis ook een plek zijn waar de omstandigheden ideaal zijn voor een ziek iemand om te genezen. Nu zijn ze dat niet, en dat geldt zowel voor de fysieke omgeving, waar het bed immobiliteit en achteruitgang stimuleert, als voor de sociale omgeving, waar eenzaamheid en isolatie de boventoon voeren.

Hoe stadsbesturen de publieke gezondheid kunnen aanpakken via de omgeving. Hoe kunnen we de publieke ruimte zo inrichten dat we gezonder lichamelijk, geestelijk en sociaal gedrag stimuleren?

15

DE OPENBARE RUIMTE

COPENHAGENIZE

De stad Kopenhagen pakt publieke gezondheid aan via de omgeving. Zo vindt men het ongepast wanneer je autorijdt, tenzij strikt noodzakelijk. Daar kwam ik – Rudi – voor het eerst achter toen ik mijn auto in Nederland moest achterlaten. Daartegenover staat dat ik in die stad nooit langer dan tien minuten op een bus heb staan wachten. Beter kun je natuurlijk fietsen. Ja, soms regent het. Er zijn eersteklas regenpakken, maar inderdaad, soms zijn ze toch wat broeierig. Dat doet je dan weer denken aan je middelbare school. Het gekke is echter dat het hier in Kopenhagen, tussen alle andere fietsers, normaal voor me wordt. De omgeving heeft daar een enorme invloed op. Het land, de stad helpt om dat normaal te vinden. Het is onderdeel van de dagelijkse omgang dat mensen elkaar aanmoedigen om het juiste gezondheidsgedrag op te pakken.

Wonen in Kopenhagen is duur en de belastingen zijn hoog. Toch wil iedereen er wonen. Het is een fijne stad, met brede straten en relatief weinig auto's. Het straatbeeld is levendig, vanwege de brede trottoirs waarop veel mensen lopen, en de duizenden fietsers. Eerder spraken we erover dat het stadsbestuur heeft besloten dat de fiets het ideale vervoermiddel is. Daarvoor is een goede onderbouwing. Het beleid komt de bereikbaarheid van de stad ten goede, lost het parkeerprobleem op, verbetert de luchtkwaliteit en daarmee de leefbaarheid. Het maakt de stad aantrekkelijk voor toeristen, bevordert de gezondheid van haar inwoners en daardoor kunnen bedrijven vitale werknemers aannemen. Het stadsbestuur heeft wetenschappers laten doorrekenen wat de economische consequenties zijn van fietsen. Hierin is meegenomen dat de fiets een goedkope, veilige en snelle manier van vervoer is, die bovendien gezondheidswinst oplevert en de stad aantrekkelijk maakt voor bedrijven. Het nettoresultaat van deze complexe analyse was dat elke gefietste kilometer de stad zestien eurocent oplevert. Elke kilometer die met de auto werd afgelegd kost de stad negen eurocent.

Bij het doorrekenen van de opbrengsten heeft men er ook rekening mee gehouden dat fietsers kwetsbaar zijn in het verkeer en dat als er meer gefietst wordt er vaker mensen op de Eerste Hulp van het ziekenhuis belanden. De kosten daarvan bedragen elf eurocent per kilometer. Maar omdat fietsers hun algemene gezondheid zo sterk verbeteren maken zij daarnaast veel minder kosten voor de behandeling van diabetes, hart- en vaatziekten en andere chronische aandoeningen. De opbrengst daarvan is 74 eurocent per kilometer. Deze misschien wat erg zakelijke rekensom leert wel dat fietsen niet alleen sneller en gezonder is maar ook wat betreft het economisch beleid een betere keuze is. Met deze financiële onderbouwingen op zak wordt er in Kopenhagen een groot budget vrijgemaakt om fietsers ruim baan te geven.

Kopenhagen dwingt mensen niet te fietsen. De stad wordt aantrekkelijk gemaakt voor fietsers. Vervolgens meten ze wat het effect is van hun aanpassingen op het fietsgedrag van de inwoners. Op de hoek waar ik werk staat een zuil die de langskomende fietsers telt. Af en toe kan ik het niet laten om een blokje om te rijden en zo bij te dragen aan de duizenden per dag en eens het dagrecord te verbeteren.

Met de verzamelde cijfers kan bijvoorbeeld de fietsveiligheid in kaart gebracht worden. In 1996 ging 30 procent van de Kopenhagenaars met de fiets naar het werk en waren er ruim 250 ongelukken. Inmiddels gaat bijna 50 procent van de inwoners fietsend naar het werk en is het aantal ongelukken gedaald tot ongeveer 100 per jaar. In 2025 moet er nog meer gefietst worden en het aantal ongelukken mag dan niet meer dan 34 zijn.

De stad verzamelt niet alleen platte cijfers maar inventariseert ook wat de redenen van mensen zijn om wel of niet met de fiets te gaan. En als daaruit blijkt dat de aansluiting met het openbaar vervoer als slecht wordt ervaren, dan wordt aan elke trein een wagon voor fietsen toegevoegd. Als fietsland bij uitstek zou Nederland op dit gebied nog wel iets kunnen leren. Veel meer mensen zouden een deel van hun woon-werkverkeer met de fiets afleggen wanneer ze hun fiets makkelijk in de trein konden meenemen. Nu is het in de spits zelfs verboden een fiets mee te nemen, en je moet heel goed tegen boze blikken kunnen wanneer je dapper genoeg bent om je vouwfiets in een overvolle trein mee te nemen. Die barrière moet eruit, waardoor we mensen kunnen verleiden die best zouden willen fietsen.

In Kopenhagen fiets ik het station binnen, het perron op, de trein in en zet hem daar in de fietsenstalling. Eenmaal op de bestemming aangekomen fiets je de trein weer uit, het perron af om daarna je reis te vervolgen. Misschien denkt de NS dat het niet rendabel is om een wagon voor fietsen mee te laten rijden, maar die wagons zouden gefinancierd moeten kunnen worden uit de gelden die bespaard worden op zorgkosten. Fietsen moeten gratis meegenomen kunnen worden. Daarvoor is het wel noodzakelijk dat je op nationaal niveau met elkaar de balans opmaakt want anders zie je nooit dat de opbrengsten de kosten ruim overschrijden.

Een grote groep mensen gebruikt de auto vooral om boodschappen en kinderen te vervoeren. In de stad is de auto daarvoor eigenlijk niet echt handig. Een bakfiets kan een alternatief zijn en een kwart van de gezinnen in Kopenhagen heeft er een. Veel mensen in Nederlandse steden overwegen wel een bakfiets maar weten niet waar ze fiets en bak moeten parkeren. Amsterdam is ook een koploper. Daar zijn hele buurten berucht als 'bakfietsbuurten'. Het zou een geuzennaam moeten zijn voor een prachtige ontwikkeling waar bewoners van andere steden zich door laten inspireren.

Het parkeerprobleem van de bakfietsen kwam tijdens de inventarisaties in Kopenhagen ook naar boven. De eerste oplossing daarvoor is het gemeenschappelijk binnenterrein van de appartementencomplexen. Daar zijn schuren. Ook zijn in de stad parkeerplaatsen omgetoverd. Tussen de geparkeerde auto's vind je daar op verschillende plekken in de stad grote roze plastic auto's, waar vier bakfietsen een droog en veilig plekje in kunnen vinden.

Het stadsbestuur van Kopenhagen heeft een langetermijnvisie en stelt zich concrete doelen om aan die visie stapsgewijs invulling te geven. Om het jaar wordt daarover verslag uitgebracht. Daarin worden alle faciliteiten vermeld die in dat jaar geïntroduceerd zijn om het fietsen te bevorderen. Ook bevat het verslag een inventarisatie van de gedachten en ideeën van de inwoners over die faciliteiten. Alle verzamelde fietsstatistieken staan erin, zodat van alle doelen bezien kan worden of ze op schema liggen. Het werkt. Ieder jaar neemt het aantal gefietste kilometers in Kopenhagen toe.

In veel andere steden ligt het primaat duidelijk niet bij de fiets maar bij de auto. Je kunt de uitkomsten van het gemeentelijk beleid fraai analyseren door naar de verdeling van de publieke ruimte over de verschillende gebruikers te kijken. Veel steden hebben bijna alle openbare ruimte toebedeeld aan auto's. Dat kun je afmeten met 'arrogance of space' -analyses. De ruimte voor auto's wordt daarop in het rood aangegeven, blauw is ruimte voor voetgangers en paars is voor fietsers. Met satellietopnames zien onderzoekers dat veel afbeeldingen van de publieke ruimte rood uitslaan. Deze analyses kunnen worden gebruikt om de vervoersstromen in steden en wijken in kaart te brengen, te vergelijken en actie te ondernemen. In Kopenhagen worden ze ingezet om de historische toewijzing van de publieke ruimte aan de auto terug te draaien.

Kopenhagen maakt gebruik van nog een interessante methodiek om de stad zo veel mogelijk in te richten naar de wensen van de fietser. Zo worden met camera's de *desire paths* van fietsers geanalyseerd. Zoals voetgangers stukken afsnijden over het gras en olifantenpaadjes creëren, zo doen ook fietsers dat op hun tocht door de stad. De opnames van de *desire paths* van fietsers worden vervolgens gebruikt om de kruisingen zo in te richten dat fietsers zo veel mogelijk op hun wenken bediend worden.

En fietsers worden op nog meer manieren beloond. In Nederland kennen we de groene golf: als je met de auto 50 kilometer per uur rijdt springen alle stoplichten precies op tijd op groen, zodat je niet hoeft te stoppen. Een prachtig principe. In Kopenhagen passen ze het toe voor fietsers waardoor niet zij maar de automobilisten vaker moeten wachten voor het stoplicht. Op veel fietspaden vind je in het midden een onderbroken witte lijn. Wanneer je daar links van fietst – op de *fast lane* – word je geacht 20 kilometer per uur te fietsen; dan maak je gebruik van de groene golf en belemmeren stoplichten je niet in je voortgang. Langzaam fietsverkeer bevindt zich vanzelfsprekend aan de rechterzijde van de streep.

Met meer fietsen in de stad is ook het parkeren van de rijwielen een uitdaging. Op bepaalde plekken, zoals bij het station in de binnenstad, lijken fietsen zich op te hopen en overlast te veroorzaken. Veel steden hebben daarom een strikt parkeerbeleid: fietsen die niet geparkeerd worden op de daarvoor bestemde plekken worden verwijderd en afgevoerd naar een industrieterrein aan de rand van de stad. Daar mag de eigenaar tijdens onmogelijke openingstijden zijn fiets – vaak met opengeknipt slot – terugkopen. In Kopenhagen daarentegen worden op de plekken in de stad waar veel fietsers parkeren 'fietsbutlers' ingezet. Deze mannen en vrouwen zetten je fiets voor je in het rek en pompen je band op, ze smeren je ketting en controleren je verlichting. Ze hangen vervolgens een kaartje aan je fiets waarop ze je in eerste instantie bedanken dat je op de fiets komt, en dat jij daarmee bijdraagt aan een gezonde stad. De tekst op het kaartje vervolgt met de mededeling dat ze je fiets gesmeerd en afgesteld hebben en ze vragen vriendelijk of je de volgende keer je fiets in het rek wilt parkeren omdat je anders het overige verkeer en de hulpdiensten hindert. Straffen helpt, prijzen werkt veel beter. In elk geval leidt deze methode er niet toe dat mensen gefrustreerd over hun verdwenen fiets maar weer in de auto stappen.

Net als de meeste mensen in Kopenhagen fiets ik omdat het verreweg de snelste manier is om van A naar B te komen. Snelheid en tijdbesparing zijn ook voor Kopenhagenaars de belangrijkste redenen waarom ze met fiets gaan en niet met andere vervoersmiddelen, zo blijkt uit de inventarisatie. Mensen vinden tijd een van de kostbaarste zaken die ze bezitten. Dat je door fietsen ook gezond blijft is een neveneffect, en niet de belangrijkste reden waarom mensen de fiets kiezen. Dit is de ultieme manier van nudgen, je verleidt mensen op de korte termijn met tijdwinst, en op de lange termijn genieten ze gezondheidswinst.

Kopenhagen ligt aan de Sont, een zeestraat. De analyse van alle beweegpatronen liet zien dat veel fietsers om moesten rijden om vanaf hun vertrekpunt bij hun bestemming aan te komen. Ze moesten namelijk over een van de bestaande bruggen over de haven heen. Die bestaande bruggen waren vooral gepland en gebouwd om het vervoer per auto te vergemakkelijken. Hierop besloot het gemeentebestuur om een aantal fietsbruggen aan te leggen, de zogenaamde 'cykelslangen'. Hierdoor wordt de route korter, en het aantal gefietste kilometers per rit minder. Maar door het verhoogde gemak en de snelheid waarmee de rit afgelegd kan worden, kiezen meer mensen voor de fiets. Daarom is het totaal aantal gefietste kilometers in Kopenhagen toch gestegen.

Om de bereikbaarheid van de stad verder te verbeteren werden er ook fietswegen van vier banen aangelegd. Twee banen heen en twee terug met natuurlijk een *fast lane* voor hen die sneller willen fietsen dan 20 kilometer per uur. Die fietsers kunnen de 6 kilometer van de rand van de stad naar hartje centrum, over één van de belangrijkste toegangswegen van de stad, in één keer doorfietsen zonder een voet aan de grond te zetten. Voor het comfort van de fietser zijn bij veel stoplichten trouwens ook treeplanken en leunpalen geplaatst zodat je echt nooit met je voet op de grond hoeft. Op de treeplanken staan teksten die je bedanken voor het kiezen voor de fiets en jouw bijdrage aan Kopenhagen als wereldfietsstad. Dat idee, dat elke fietser trots op de fiets stapt, is een belangrijke stimulus.

Fietsen kan dus gestimuleerd worden door het makkelijker en sneller te maken, maar ook door fietsen veiliger te maken. Ook hierin lopen ze in Scandinavië voorop. Iedereen draagt er een helm en naast het handgebaar voor links of rechts afslaan is er ook een stopgebaar, dat je echt moet gebruiken. Denen zijn vriendelijke en bescheiden mensen, maar worden bijna onbeschoft wanneer je op de fiets in de fout gaat. Wanneer je wilt stoppen steek je op tijd je linkerhand in de lucht en zoekt aan de rechterzijde de kant van het trottoir op. Daar blijf je wachten tot iedereen voorbij is. Dit is ook de manier hoe je op grote kruispunten links afslaat.

Om te voorkomen dat mensen door rood fietsen kun je tegenwoordig aan de stoplichten aflezen hoe lang het duurt voor ze op groen springen. In Kopenhagen wordt dat als experiment al 150 meter voor het stoplicht aangegeven, zodat je als fietser kunt beslissen of je nog even op de trappers wilt gaan staan of dat je juist langzaam wilt uitrijden. Op kruispunten waar relatief veel ongelukken gebeuren worden de stoplichten aangepast. Fietsers krijgen een paar seconden vóór de auto's groen licht, zodat ze uit de dode hoek kunnen wegrijden en niet afgesneden worden bij het afslaan. Automobilisten kunnen aan lichten in het wegdek aflezen of er fietsers aankomen. Zo is Kopenhagen een stad van fietsers geworden en dat zit inmiddels in de plattegrond van de stad verankerd.

BLUE ZONES

Een groep journalisten van het Amerikaanse tijdschrift *National Geographic* – die gele 'boekjes' met fantastische foto's – heeft ooit die plaatsen op de wereld opgezocht waar mensen bovengemiddeld oud worden. Deze plekken noemden zij *Blue Zones*. Het zijn plaatsen waar mensen in hechte gemeenschappen leven. Door de bank genomen lijken de mensen in deze Blue Zones meer in balans met de omgeving waarin zij leven. De mensen zijn voortdurend in beweging, lichamelijk en geestelijk, eten gevarieerd en niet overmatig, en investeren in elkaar en de gemeenschap waarin zij leven. Cultureel zijn ze zeer divers. Nergens vind je zoveel honderdjarigen als op het Japanse eiland Okinawa, waar de langstlevende mensen ter wereld wonen. Op het Italiaanse eiland Sardinië worden vooral de mannen uitzonderlijk oud. De drie andere plaatsen zijn het Griekse eiland Ikaria, Nicoya in Costa Rica en Loma Linda in Californië. Opvallend is dat op Loma Linda na, al deze plekken (schier)eilanden zijn. Loma Linda ligt midden in Californië, in de San Bernardino Valley. Hier wonen de zevendedagsadventisten, een religieuze groepering met een sterke onderlinge sociale band, waardoor zij als een betrekkelijk geïsoleerde gemeenschap midden in de Verenigde Staten leven. Ook een eiland dus, maar omringd door land. Ook zij hebben een uitzonderlijke levensverwachting: de zevendedagsadventisten leven tien jaar langer dan de gemiddelde Amerikaan!

Er wordt veel gespeculeerd over de verklaringen waarom mensen in Blue Zones zoveel ouder worden dan gemiddeld. Er zijn heel veel verschillende, soms frivole conclusies getrokken uit de levenswandel van deze mensen. Zo zouden we veel rode wijn moeten drinken zoals op Sardinië, want daar zitten veel flavonoïden in. En eet daarbij de pecorino-kaas van schapen die gras eten, want die is rijk aan gezonde omega 3-vetten. Maar in de andere Blue Zones hebben ze die wijn en kaas helemaal niet, en in een aantal Blue Zones wordt zelfs helemaal geen alcohol gedronken. Die conclusies lijken meer op wishful thinking, omdat je zelf nu eenmaal graag een rode wijn met een kaasje nuttigt. Sommige 'onderzoekers' wijzen op de humor van de Sardiniërs en benoemen die als de belangrijkste oorzaak voor hun lange levensduur.

Waarom hebben de mensen uit Nicoya een levensverwachting die hoger is dan in veel westerse landen, en dat terwijl ze maar een fractie van de zorgkosten voor hun rekening nemen? Is het de zon? Het kalkrijke water? Zouden we dat meer moeten gaan drinken? Je kunt de advertentie uittekenen waarmee een slimme zakenman of -vrouw ons geld uit de zak wil kloppen door ons flessen water te gaan verkopen waaraan kalktabletjes zijn toegevoegd. Waarom leven de zevendedagsadventisten tien jaar langer? 'Natuurlijk, begrijp je dat dan niet? Dat komt omdat ze geen vlees eten en geen alcohol gebruiken.' Zij die wel van vlees houden, met rode wijn erbij, willen dat niet horen en wijzen vervolgens prompt op de sterke onderlinge sociale banden van de adventisten, op de cohesie van de gemeenschap en het vertrouwen dat daarvan uitgaat. Iedereen redeneert naar zichzelf toe.

En hoe zit het met de mensen op Ikaria? Zouden zij zo lang leven omdat ze geitenmelk drinken, regelmatig vasten of overdag veel dutjes doen? Leven Japanners het langst omdat ze zeewier nuttigen, groene thee, of veel vis? Of omdat ze een duidelijk doel in het leven hebben, namelijk 'ikigai'? Of is het omdat ze voor elke maaltijd elkaar eraan herinneren dat ze moeten stoppen met eten als ze voor 80 procent vol zitten, een oude mantra van Confucius (*Hara-hachi-bu*). Mensen op Okinawa eten 1800 tot 1900 calorieën per dag, en hebben met een BMI van 20 een veel lager gewicht dan ouderen in de rest van de westerse wereld.

Niemand die het volledige antwoord heeft. Vanuit de

wetenschap kunnen we gewoon geen uitspraak doen over de *precieze* redenen waarom mensen in de Blue Zones zo lang leven. Wat zeker is, is dat ze er duidelijk een andere leefstijl op na houden dan gebruikelijk in de westerse wereld en beduidend langer leven dan wij. De journalisten, de wetenschappers, eigenlijk iedereen die over de Blue Zones leest, is diep onder de indruk en probeert lessen te trekken over hoe ook hijzelf langer gezond kan blijven en ouder worden.

Het algemene recept dat uit de Blue Zones wordt afgeleid bestaat uit negen kernprincipes. Hoewel niet wetenschappelijk bewezen, komen veel van de aanbevelingen wel degelijk overeen met conclusies uit wetenschappelijke studies. Het gaat om (1) voldoende bewegen, (2) niet te veel eten, (3) plantaardig eten, (4) twee glazen wijn per dag drinken, (5) af en toe rust nemen, (6) een doel hebben in je leven, (7) een goede band met je familie en (8) gezonde vriendschappen onderhouden en (9) lid worden van een geloofsgemeenschap. Geen wereldschokkend recept, behalve dan misschien het advies om lid te worden van een geloofsgemeenschap, maar wij zouden dat, op basis van wetenschappelijk onderzoek, wel durven te herschrijven als: 'actief deel uit te maken van een gemeenschap'. Dat je ergens gemist wordt wanneer je niet komt opdagen.

Het essentiële inzicht dat wij – Rudi en David – uit de Blue Zones destilleren is dat er gemeenschappen zijn, door geografie of cultuur begrensd, die veel langer gezond leven. Die gemeenschappen zijn met hun omgeving verknocht, en dat is soms al heel lang zo. De boerenfamilies op Sardinië bewerken al generaties lang het land. De oude vrouw op Okinawa verzamelt net als haar moeder en grootmoeder het zeewier voor de maaltijd op het strand. De tradities van de zevendedagadventisten hebben een levensritme dat de oorspronkelijke *settlers* ook kenden en hen in staat stelde in het lege maar wilde westen van de Verenigde Staten te overleven.

Het is de omgeving die haar bewoners een fysieke, sociale en culturele structuur oplegt, een omgeving die vraagt om veel lichamelijke beweging en sterke sociale banden; anders overleef je niet. De omgeving bepaalt ook je dieet, je voedt je met producten van het land. Je móét wel in balans zijn met die omgeving waarin je opgroeit, kinderen krijgt en oud wordt.

Inmiddels is er een bedrijf opgericht dat de leefomstandigheden in gewone Amerikaanse steden of dorpen aanpast zodat deze ook tot Blue Zones kunnen worden getransformeerd. Met hulp van vrijwilligers, bedrijven, scholen en het stadsbestuur worden steden omgetoverd met wandel- en fietspaden, volkstuinen, wandelclubs en kantines waar gezond wordt gegeten. De insteek is typisch Amerikaans: deelnemers moeten een eed zweren dat ze gezonder gaan leven. Daar komt het gebieden en verbieden om de hoek kijken en daar haken wij af. De enige echt duurzame oplossing is dat we gemeenschappelijk de omgeving, de publieke ruimte, de samenleving zo inrichten dat de leden van de samenleving lichamelijk, geestelijk en sociaal gedrag aannemen dat de lengte en de kwaliteit van ons leven ten goede komt.

Boven twijfel verheven zijn de Blue Zones-projecten koplopers in hoe de omgeving in gunstige zin kan worden aangepast. De eerste resultaten zijn indrukwekkend en het waard om buiten Amerika verder te verkennen. In verschillende landen worden nu initiatieven opgezet om volgens wetenschappelijke methodes te onderzoeken of het mogelijk is via een verandering van de omgeving mensen op een duurzame wijze een gezonde levensstijl te laten aannemen. Op deze manier worden moeilijke bewuste keuzes de vanzelfsprekende onbewuste keuzes die verweven zijn met je dagelijkse routine.

De gedachte dat de nieuwe stedelijke omgeving de belangrijkste onderliggende reden is voor de explosie van welvaartsziekten verspreidt zich snel. Op basis van deze gedachte is in 2015 een ambitieus programma gestart om diabetes tegen te gaan. Daarvoor heeft men de ziekte zelfs een nieuwe naam toebedacht: *urban diabetes*. De trailer op internet doet eerder denken aan een spannende film die opgaat voor een Oscar dan aan een maatschappelijk experiment. Dat getuigt van de aanpak en de ambities van de initiatiefnemers van het Cities Changing Diabetes-project. Vijf steden gaan als eerste de strijd aan: Mexico City, Houston, Shanghai, Tianjin en Kopenhagen.

Hang de poster op een centrale plek.
Het helpt je om je omgeving gezonder
in te richten.

EPILOOG: LAAT DE OMGEVING HET WERK DOEN

Het is 2004. Ik – David – ben voor het eerst in Ghana. Tijdens het veldwerk kom ik een man tegen die nog niet in onze administratie is opgenomen. Ik noteer zijn naam en vraag hem naar zijn leeftijd.

'140,' zegt hij, zonder blikken of blozen.

Kijk, dat gebeurt je niet iedere dag. Je bent net begonnen met je promotieonderzoek waarmee je het geheim van veroudering gaat ontrafelen en op je eerste werkdag ontdek je al de langstlevende mens ter wereld. Ik vraag de man naar zijn geboortedag.

'Vrijdag,' zei hij trots.

'Welk jaar?'

De man heeft geen idee.

Ouderdom heeft in Ghana status, daarom doen ze er daar in de regel een paar jaartjes bij. In Nederland is dat anders, wij doen er in de regel een paar jaartjes af. Ook Hans liegt weleens over zijn leeftijd. Hoewel hij 68 is zegt hij vaak dat hij 'de 60 inmiddels wel is gepasseerd'.

Als je in een land bent opgegroeid waar werken met oude mensen een taakstraf is, is de gedachte dat oud zijn status heeft even wennen. Ik – Rudi – roeide fanatiek in Leiden en tegenwoordig ook in Kopenhagen. Bij het roeien word je vanaf je zevenentwintigste verjaardag ingedeeld bij de veteranen. Zevenentwintig! In Nederland zijn tegenwoordig meerdere uitzendbureaus actief die zich speciaal richten op de 'oude' werknemer. Zij bemiddelen voor mensen die 40+ zijn... De eigenaresse van een van deze gespecialiseerde uitzendbureaus geeft aan dat veertigplussers voor doorsnee uitzendbureaus eigenlijk onbemiddelbaar zijn.

Bij ons in het Westen is jong de norm. Jong heeft status en iedereen doet er alles aan om zo lang mogelijk jong te blijven. Deze hartstochtelijke wens is de basis van een hele industrie van anti-ageing-pillen, -poeders en -zalfjes. De enigen die er beter van worden zijn de fabrikanten. Er zijn geen wetenschappelijke aanwijzingen dat deze producten je jonger maken of je lijf langer goed houden. Van veel bewegen, niet te veel eten en goed slapen weten we dat wel. Zo eenvoudig is het. Geen wonderwortels. De enige zalf die helpt tegen veroudering is zonnebrandcrème. Die voorkomt schade aan de elastische vezels. Voor de rest kun je de groeven tussen de rimpels tijdelijk opvullen met hydraterende crèmes of fillers en de huid iets minder straktrekken door de spieren tijdelijk te verlammen met botox, maar aan het onderliggende proces doen zij niets. En vitaminen dan? Daarvan is aangetoond dat mensen die multivitaminen slikken niet gezonder zijn of langer leven dan zij die ze niet slikken. Er is geen wondermiddel dat van een oud mens een jonge god maakt. In plaats van het brein te pijnigen over hoe we ons weerbarstige lijf in het gareel kunnen houden, kunnen we beter onze hersenen gebruiken om de omgeving aan te passen. Die nieuwe omgeving zal ons lijf de juiste kant op sturen.

In Ghana is oud zijn 'cool'. Dan verbaast het toch dat

mensen in Ghana helemaal niet zouden weten hoe oud ze precies zijn. Ik – David – vroeg het nog eens aan de man, maar hij wist echt niet in welk jaar hij geboren was. Een precieze leeftijd diende ook geen belang. Ik vertelde hem dat bij ons alles afhankelijk is van leeftijd. Ik gaf als voorbeeld dat je in Nederland stopt met werken als je 65 bent en daarna anderen voor je gaan zorgen. De man zei dat families in Ghana ook zorgden voor familieleden die te oud zijn om te werken, maar daar hoef je iemands leeftijd toch niet voor te weten? Ik wist niet zo goed wat ik daarop moest zeggen.

Het sterkste bewijs dat ouderdom in Ghana status heeft heb ik als souvenir meegenomen na mijn eerste veldwerk. Bij begrafenissen van belangrijke mensen in Ghana laten de nabestaanden in de nabijgelegen stad een T-shirt drukken met een foto van de overledene erop. Boven de foto van de overledene staat *In loving memory of...* Onder de foto is de respectabele leeftijd vermeld die de persoon heeft bereikt. Hier geldt: hoe hoger het aantal jaren hoe beter. De eerste keer dat ik in Ghana was zag ik een T-shirt met daarop een overledene die de leeftijd van 147 had bereikt. Het was een perfect souvenir voor een jonge dokter die werkte in de vakgroep ouderengeneeskunde. Ik ruilde het voor een van mijn eigen poloshirts.

Wanneer ouderen in Nederland niet meer gediscrimineerd zouden worden, daarmee bedoelen we dat ze worden afgezonderd en weggezet enkel en alleen op basis van leeftijd, dan zouden zij veel gemakkelijker een volwaardige positie in de samenleving kunnen innemen. In zo'n nieuwe samenleving worden mensen niet meer met 65 naar huis gestuurd en vanaf dat moment beschouwd als een kostenpost. In plaats daarvan worden ze onafhankelijk van hun leeftijd uitgenodigd om volop mee te doen aan de samenleving en daar een bijdrage aan te leveren. En dan helpt het wanneer je gezonder en vitaler bent. Het kan anders, ouderen in Noord-Ghana laten dat zien.

Het is intrigerend om te beseffen dat Ghana en Nederland beide een deel van de oplossing hebben voor een lange, gezonde levensloop. Als wij de stimulerende omgeving en de leefstijl van de Ghanezen zouden overnemen, en zij onze Hollandse welvaart en hygiëne, dan zouden ze in Ghana niet meer de helft van hun kinderen hoeven te begraven en mensen in Nederland zouden tien jaar langer in goede gezondheid leven.

Rudi en ik zijn opgeleid als dokter. Wij hebben de spreekkamer verlaten omdat wij ervan overtuigd zijn dat we de volksgezondheid in het Westen het beste kunnen dienen vanuit een positie daarbuiten. In 1852 deed de bekende Amsterdamse hygiënist G.E. Voorhelm Schneevoogt een aanbeveling aan artsen die ons als muziek in de oren klinkt. Hij riep hen op om 'den engen kring van hunne dagelijksche praktijk [...] te verlaten en hunne studieën en bemoeijingen uit te breiden tot alles wat meer tot het algemeene welzijn, tot de openbare gezondheidsregeling van de plaatsen hunner inwoning betrekking heeft'.

Schneevoogt voelde aan dat het gros van de problemen in de spreekkamer door middel van welvaart en hygiëne te bestrijden was. Ja, wij prediken een nieuwe volksgezondheid, we pleiten voor een publieke ruimte die onze kinderen vrijwaart van infectieziekten en onze ouderen van ouderdomskwalen.

Wie honderdvijftig jaar geleden verkondigde dat de kindersterfte eenvoudig op te lossen was met hygiënische maatregelen zoals het scheiden van afvalwater en drinkwater, werd voor gek versleten. Het lijkt nu misschien te vergezocht om ziekte op leeftijd uit te willen bannen met aanpassingen in de omgeving, maar mensen in Ghana en zij die wonen in Blue Zones laten zien dat het kan. Ook de hoger opgeleiden in Nederland laten zien dat je negentien jaar langer gezond blijft wanneer je in een omgeving leeft die gezonde keuzes stimuleert.

Het inrichten van de nieuwe volksgezondheid en publieke ruimte vraagt visie, tijd en inspanning. Het vraagt om een serie van op elkaar afgestemde kleine aanpassingen, op dezelfde manier waarop we de kindersterfte effectief hebben weten uit te bannen. Omdat iedereen daarvan overtuigd en eensgezind moet zijn, hebben wij dit boek geschreven.

Het is nooit te laat om te beginnen, maar het is ook nooit te vroeg om te beginnen. Onderschat nooit het eigen vermogen van mensen om hun leefstijl, hun routine en hun gewoontes aan te passen. Ook anderen zullen daarvan profiteren, hun kinderen, hun vrienden en hun collega's. Alle kleine aanpassingen die wij met elkaar in ons leven inweven zullen samen iets bijzonders teweegbrengen, een nieuwe aaneengesloten leefomgeving creëren waarin wij gezonder en beter oud worden. Dat is oud worden in de praktijk.

Laat de omgeving het werk doen.

VERANTWOORDING

Na vele jaren zelf onderzoek te hebben gedaan naar de oorzaken van het verouderingsproces hebben wij nu opgeschreven hoe wij denken dat mensen langer, gezonder kunnen leven door op een slimme manier in het leven van alledag in te grijpen. Voor onze studies in Leiden hebben wij samengewerkt met vele onderzoekers, promovendi en studenten, die wij veel dank verschuldigd zijn. Een aantal noemen we bij naam in onderstaande verantwoording. Dit boek is gebaseerd op ons eigen onderzoek en inzichten maar ook op dat van heel veel collegae. Ook van hen noemen wij enkelen bij naam maar vooral doen we suggesties om hun werk tot zich te nemen voor wie zich na het lezen van een hoofdstuk nog verder wil verdiepen. Dat toont onze waardering voor hun werk.

Het onderzoek naar langer gezonder leven is nog niet klaar. Wij moeten nog veel leren over hoe wij oud worden in de praktijk. Dat vereist vooral een interdisciplinaire aanpak waar oude mensen zelf deelgenoot van zijn. Hopelijk levert dit boek een bijdrage aan die zoektocht.

Het schrijven van een boek vergt veel tijd en inspanning. Dat de omgeving hierbij belangrijk is, zal na het lezen van dit boek helder zijn. Hier past ook een woord van dank aan de Vereniging Aegon, die in 2008 het initiatief heeft genomen tot de oprichting van de Leyden Academy on Vitality and Ageing. Hiermee is een vruchtbare omgeving ontstaan met onderzoekers, studenten en promovendi waarin veel gedachten uit dit boek tot wasdom konden komen.

Alle mensen in onze directe omgeving die dit boek mede mogelijk hebben gemaakt, willen wij hier bedanken. Specifiek noemen wij onze echtgenotes Silvia Zwaaneveldt en Emmeline Nijsingh, met wie wij onze omgeving het meest direct delen. Dank voor al jullie constructieve bijdragen, aan het leven en aan dit boek.

1. HOE MENSEN OORSPRONKELIJK OUD WERDEN

OP EXPEDITIE

Het onderzoek naar veroudering in Ghana werd opgezet door dr. Hans Meij. Zijn proefschrift en met name de introductie, waarin de antropologische achtergrond uiteen wordt gezet, is een goed begin voor wie geïnteresseerd is in het onderzoeksgebied in het noorden van Ghana:

- Meij, J.J., Bodegom, D. van, et al. 'The Bimoba: The people of Yennu'. In: J.J. Meij, *Testing life history theory in a contemporary African population*. Thesis Leiden University, The Netherlands.

Wie een indruk wil krijgen van het dagelijks leven en de omgeving in Noord-Ghana, zou ook de roman die David hierover schreef kunnen lezen. Zijn ervaringen tijdens het veldwerk vormden de inspiratie hiervoor:

- Bodegom, David van. (2012). *Nood breekt wet*. Prometheus, Amsterdam.

Het onderzoeksgebied was bijzonder, deels omdat het zo dicht bij ons evolutionaire verleden stond, waarin de meeste mensen aan infectieziekten overleden en waar schaarste de regel was. De onderbouwing voor de aard en de determinanten van sterfte kan gevonden worden in onderstaande publicaties:

- Bodegom, David van, Linda May, et al. (2009). 'Socioeconomic status by rapid appraisal is highly correlated to mortality in rural Africa'. *Transactions of the Royal Society of Tropical Medicine and Hygiene* 103: 795-800.
- Engelaer, F.M., David van Bodegom, et al. (2014). 'Seasonal variation in child and old-age mortality in rural Ghana'. *Transactions of the Royal Society of Tropical Medicine & Hygiene* 108: 147-53.

Ook bijzonder was dat de omgeving zo sterk in ontwikkeling was. De sociaaleconomische ontwikkelingen die honderd jaar geleden bij ons de kindersterfte naar beneden brachten zagen we in Ghana jaar na jaar ontstaan. Er werden putten geslagen en de sterfte en het kindertal namen snel af:

- Meij, J.J., A.J. de Craen, et al. (2009). 'Low-cost interventions accelerate epidemiological transition in Upper East Ghana'. *Transactions of the Royal Society of Tropical Medicine & Hygiene* 103(2): 173-8.
- Engelaer, F.M., J.J.E. Koopman, et al. (2014). 'Determinants of the epidemiologic transition in rural Africa: the role of socioeconomic status and drinking water source'. *Transactions of the Royal Society of Tropical Medicine & Hygiene* 108(6): 372-9.

OUD IN AFRIKA

De arts Bart Koopman heeft als onderdeel van zijn promotieonderzoek uitgebreid onderzoek gedaan naar de gezondheid van oudere Ghanezen, waaronder de conditie van hart en bloedvaten:

- Koopman, J.J.E., D. van Bodegom, J.W. Jukema, et al. (2012). 'Risk of cardiovascular disease in a traditional African population with a high infectious load: a population-based study'. *PLOS ONE* 7(10): e46855.
- Koopman, Jacob J.E., David van Bodegom, et al. (2014). 'Scarcity of atrial fibrillation in a traditional African population: a population-based study'. *BMC Cardiovascular Disorders* 14: 87.

Wie interesse heeft in het oorspronkelijke dieet van mensen zou het boek van arts Remko Kuipers kunnen lezen, hij deed zelf jarenlang onderzoek in Afrika voor zijn promotie:

- Kuipers, Remko (2014). *Het oerdieet*. Bert Bakker, Amsterdam.

2. HET NIEUWE OUDER WORDEN

IN DE KREUKELZONE

Al 150 jaar worden we steeds ouder en ouder. Onze levensverwachting stijgt met 2,5 jaar per decennium. In het boek *Oud worden zonder het te zijn* worden de stijgende levensverwachting en de redenen hierachter uitgebreid beschreven:

- Westendorp, Rudi. (2012). 'De toename van onze levensverwachting'. In: *Oud worden zonder het te zijn*. Atlas Contact, Amsterdam.

Hoewel dit vroeger vooral kwam door hygiëne en vaccinatie is er de laatste decennia ook veel winst geboekt door preventieve maatregelen, maar met name ook een verbeterde medische zorg op het gebied van hart- en vaatziekten. Wij zijn steeds beter geworden in het repareren van het lichaam als het hapert. Voor de indrukwekkende resultaten die al zijn bereikt verwijzen we naar:

- www.hartstichting.nl

DE MEDISCHE REFLEX

Dat wij zo oud worden is deels het succes van de geneeskunde. Maar dit succes heeft ons ook tot de medische reflex gebracht: het idee dat de geneeskunde de oplossing is voor alle problemen. Hierdoor zijn wij steeds meer mensen als patiënt gaan zien, meer pillen gaan voorschrijven en meer kosten gaan maken.
Voor wie zich verder wil verdiepen in de medische reflex, de stichting Farmaceutische Kengetallen publiceert jaarlijks de hoeveelheid verstrekte medicijnen:

- https://www.sfk.nl/

Verdere informatie over de kosten van onze huidige medische reflex is te vinden op de website van het RIVM:

- http://www.kostenvanziekten.nl/

3. OORSPRONKELIJKE GENEN IN EEN MODERNE OMGEVING

DRIFTEN EN LUSTEN

Het idee dat onze oorspronkelijke genen niet passen in onze moderne omgeving en zijn afgesteld op een omgeving met schaarste is als de *thrifty genotype* (zuinige genen-) hypothese voor het eerst in 1962 vertolkt door prof. James Neel:

- Neel, J.V. (1962). 'Diabetes mellitus: a "thrifty" genotype rendered detrimental by "progress"?'. *American Journal of Human Genetics* 14(4): 353-62.

De *thrifty genotype*-hypothese is ook ruimschoots bekritiseerd, de genen werden initieel niet gevonden en als reactie daarop werd er een thrifty fenotype-hypothese gelanceerd. Deze theorie stelt dat je niet thrifty wordt geboren, maar dat de omstandigheden in het vroege leven maken dat je thrifty wordt afgesteld:

- Hales, C.N., & D.J.P. Barker (1992). 'Type 2 (non-insulin-dependent) diabetes mellitus: the thrifty phenotype hypothesis'. *Diabetologia* 35: 595-601.

Beiden hebben vermoedelijk (deels) gelijk. Onze genen en onze afstelling zoals bepaald in het vroege leven zijn van belang. Dit geldt niet alleen voor de genen die bij suikermetabolisme betrokken zijn, maar voor alle lichamelijke en geestelijke eigenschappen die belangrijk zijn voor de overleving. Het principe geldt dus voor 'alle' genen; ze zijn op overleving geselecteerd in een andere omgeving. Zelf hebben we laten zien dat er in Ghana sterke selectie is op genetische varianten van het afweersysteem die onder hardvochtige omstandigheden een betere overleving garanderen:

- Kuningas, M., L. May, et al. (2009, November 11). 'Selection for genetic variation inducing pro-inflammatory responses under adverse environmental conditions in a Ghanaian population'. *PLOS ONE* 4(11): e7795.

Tegelijkertijd is in onze moderne omgeving een sterke afweerrespons medeverantwoordelijk voor een versnelde opeenstapeling van schade en speelt een rol bij veel verouderingsprocessen als hart- en vaatziekten, diabetes, dementie en artrose:

- Bodegom. D. van, L. May, et al. (2007). 'Regulation of human life host response'. *Annals of the New York Academy of Sciences* 1100: 84-97.

Voor een meer mechanistische beschouwing, zie:

- Seals, D.R., R.E. Kaplon, et al. (2014). 'You're only as old as your arteries: translational strategies for preserving vascular endothelial function with aging'. *Physiology* 29: 250-264.

HET BREIN ALS TOESCHOUWER

Onze keuzes zijn niet altijd rationeel. Veel keuzes worden onbewust gemaakt en beïnvloed door de omgeving – 'genudged'. Een bekend boek waarin dit heel lezenswaardig is beschreven voor economische keuzes is een boek van de economen Thaler en Sunstein. Zij beschrijven hoe de manier waarop keuzes aan ons worden voorgelegd, de keuzearchitectuur zoals zij dat noemen, beïnvloedt welke keuze mensen maken. Veel van hun gedachten zijn ook op (keuzes in) de zorg toepasbaar:

- Thaler, Richard & Cass R. Sunstein. (2007). *Nudge, improving decisions about health, wealth and happiness*. Penguin Publishers, London.

Op deze website van de Nudging Company, die nudging in praktijk brengt, kun je ook een online workshop over nudging volgen:

- http://thenudgingcompany.com/en

Veel mensen vinden dat er grenzen zijn aan hoeveel de overheid mag nudgen, je gedrag mag beïnvloeden. Een degelijk maar tegelijk zeer onderhoudend boek hierover is in 2014 geschreven door de Raad voor Maatschappelijke Ontwikkeling:

- Raad voor Maatschappelijke Ontwikkeling. (2014). *De verleiding weerstaan. Grenzen aan beïnvloeding van gedrag door de overheid.*

Een bekende studie die laat zien hoe obesitas zich in netwerken verspreidt, hoe vrienden je dik maken is van Christakis:

- Christakis, N.A. & J.H. Fowler. (2007). 'The spread of obesity in a large social network over 32 years'. *New England Journal of Medicine* 357: 370-9.

Dezelfde auteurs laten ook zien hoe – het stoppen met – roken een sociale besmetting is:

- Christakis, N.A. & J.H. Fowler. (2008). 'The collective dynamics of smoking in a large social network over 32 years'. *New England Journal of Medicine* 358: 2249-58.

4. OVERDAAD EN INACTIVITEIT

EEN HALFJAAR IN DE STATES

Veel informatie over de verschillen die er bestaan in (gezonde) levensverwachting tussen arme en rijke mensen in Nederland is beschikbaar op deze website:

- https://www.volksgezondheidenzorg.info/onderwerp/gezonde-levensverwachting/cijfers-context/bevolkingsgroepen

Een klassieke waarneming dat immigranten de leefstijl en daarmee het risico op ziekte van het gastland overnemen, is te vinden in een vergelijking van familieleden met een oorsprong in India van wie een aantal wel en andere niet naar het Verenigd Koninkrijk zijn geëmigreerd:

- Bhatnagar, D., I.S. Anand, et al. (1995). 'Coronary risk factors in people from the Indian subcontinent living in West London and their siblings in India'. *The Lancet*. 345: 405-9.

Dat het risico op borstkanker stijgt als Aziatische vrouwen migreren naar de Verenigde Staten is terug te vinden in:

- Ziegler, Regina G., Robert N. Hoover, et al. (1993). 'Migration patterns and breast cancer risk in Asian-American women'. *Journal of the National Cancer Institute* 85(22): 1819-1827.

DE WERELD VAN INACTIVITEIT

Voldoende lichamelijke activiteit is waarschijnlijk na stoppen met roken het belangrijkste wat je kunt doen om een gezonde oude dag te waarborgen. De gezondheidswinst die lichamelijke activiteit geeft is heel uitgebreid onderzocht. Over de schatters voor een langer leven, zie:

- Woodcock J., O.H. Franco, et al. (2011). 'Non-vigorous physical activity and all-cause mortality: systematic review and meta-analysis of cohort studies'. *International Journal of Epidemiology* 40: 121-138.

Mensen die lichamelijk actief zijn krijgen minder hart- en vaatziekten en diabetes:

- Sattelmair, J.R., J. Perman, et al. (2011). 'Dose-response between physical activity and risk of coronary heart disease: a meta-analysis'. *Circulation* 124: 789-795.
- Jeon, C.Y., R.P. Lokken, et al. (2007). 'Physical activity of moderate intensity and risk of type 2 diabetes: a systematic review. *Diabetes Care* 30: 744-752.

En ook minder borst- en dikkedarmkanker:

- Monninkhof, E.M., S.G. Elias, et al. (2007). 'Physical activity and breast cancer: a systematic review'. *Epidemiology* 18: 137-157.

- Wolin, K.Y., Y. Yan, et al. (2009). 'Physical activity and colon cancer prevention: a meta-analysis. *British Journal of Cancer* 100: 611-616.

Naast voldoende beweging, waarbij een klein beetje beweging al veel winst oplevert, is er recent veel aandacht voor sedentair gedrag, zitten dus. De klassieke studie onder Londense buschauffeurs die zitten en controleurs die lopen verscheen in 1953 in het nog steeds toonaangevende medisch tijdschrift *The Lancet*:

- Morris, J.N., J.A. Heady, et al. (1953). 'Coronary heart-disease and physical activity of work'. *The Lancet* 265(6795): 1053-7.

In de afgelopen jaren zijn er veel studies verschenen die laten zien dat ook mensen die voldoende bewegen – 30 minuten per dag – nog steeds een verhoogd risico lopen omdat ze langdurig zitten. Dit leidt tot het optreden van verschillende chronische ziekten als diabetes, hart- en vaatziekten, kanker en vroegtijdige sterfte:

- Katzmarzyk, P.T., et al. (2009). 'Sitting time and mortality from all causes, cardiovascular disease, and cancer'. *Medicine & Science in Sports & Exercise* 41: 998-1005.
- Proper, K.I., et al. (2011). 'Sedentary behaviors and health outcomes among adults: a systematic review of prospective studies'. *American Journal of Preventive Medicine* 40: 174-82.
- Ploeg, H.P. van der, et al. 'Sitting time and all-cause mortality risk in 222,497 Australian adults'. *Archives of Internal Medicine* 172: 494-500.

Hoe vaak en hoe lang je het zitten moet onderbreken is onderhevig aan wetenschappelijk debat. In Engeland is onlangs een richtlijn verschenen waarin getracht is met de beschikbare onderzoeken een zo goed mogelijk advies te geven: start met 2 uur per dag staand werken en bouw dit op tot 4 uur per dag:

- Buckley, John P., Alan Hedge, et al. (July 2015). 'The sedentary office: a growing case for change towards better health and productivity. Expert statement commissioned by Public Health England and the Active Working Community Interest Company'. *British Journal of Sports Medicine*. Online first at: http://bjsm.bmj.com/content/early/2015/04/23/bjsports-2015-094618

In Australië wordt geadviseerd om langdurig zitten 'zo vaak als mogelijk is te onderbreken door te gaan staan'. Consensus over staand werken is er dus nog niet, behalve dan dat men het er wel over eens is dat de hele dag zitten niet goed is.

EEN PARADE VAN OVERDAAD

Wie wil weten hoeveel klontjes suiker in al die producten uit de supermarkt zitten, kan eens grasduinen tussen de foto's van opgestapelde suikerklontjes op:

- www.sugarstacks.com

Het boek van Jaap Seidell is een mooi en scherp contrast met alle andere dieetboeken en -goeroes. Hij schrijft uitgebreid over de rol van de omgeving bij het ontstaan van obesitas:

- Seidell, Jaap. (2015). *Het voedsellabyrinth*. Atlas Contact, Amsterdam.

De internationale organisatie Foodwatch biedt een tegengeluid tegen de marketing van multinationals. Ook over kindermarketing is er veel informatie:

- https://www.foodwatch.org/nl/

In Amerika is de wijze van marketing aan kinderen en adolescenten het beste onderzocht. Hierover zijn verschillende rapporten verschenen, waaronder:

- US Federal Trade Commission. (2008). Marketing food to children and adolescents: a review of industry expenditures, activities, and self-regulation. US Federal Trade Commission, Washington, DC.

In Nederland heeft de Gezondheidsraad een rapport laten verschijnen dat een goed inzicht geeft in de situatie hier:

- Gezondheidsraad. *Overgewicht en obesitas*. Nr. 2003/07. Gezondheidsraad, 2003a, Den Haag.

De relatie tussen het aantal fastfoodrestaurants en obesitas in wijken is onder andere onderzocht in deze studie:

- Fuzhong, Li, PhD, Peter Harmer, PhD, et al. (January/February 2009). 'Obesity and the built environment: does the density of neighborhood fast-food outlets matter?'. *American Journal of Health Promotion* 23(3), 203-209.

Over de gevolgen van deze parade van overdaad en onze toegenomen obesitas zijn de cijfers te vinden in *Toekomstverkenningen volksgezondheid*, uitgebracht door het RIVM. De meest recente versie van 2014 heeft een fraaie online interface om allerlei cijfers over onze gezondheid door de tijd te volgen:

- http://www.eengezondernederland.nl/

Een toegankelijke inleiding naar de literatuur over calorische restrictie is te vinden in:

- Masoro, E.J. (September 2005). 'Overview of caloric restriction and ageing'. *Mechanisms of Ageing and Development* 126(9): 913-22.

De verwijzing naar de effecten van calorische restrictie bij mensen uit het unieke 'Biosphere 2'-project is te vinden in:

- Walford, R.L.I., D. Mock, et al. (June 2002). 'Calorie restriction in Biosphere 2: alterations in physiologic, hematologic, hormonal, and biochemical parameters in humans restricted for a 2-year period'. *Journals of Gerontology Series A. Biological Sciences and Medical Sciences* 57(6): B211-24.

5. HET RITME VAN DE DAG

ER IS ALTIJD IETS TE DOEN

De European Agency for Safety and Health at Work heeft een rapport geschreven over de prevalentie van werkstressgerelateerde klachten in Europese landen:

- https://osha.europa.eu/en/tools-and-publications/publications/reports/TE-81-08-478-EN-C_OSH_in_figures_stress_at_work

NOOIT MEER SLAPEN

Over de relatie tussen te kort slapen en overgewicht is onderstaande studie, die de resultaten van alle beschikbare studies samenneemt interessant:

- Cappuccio, F.P., F.M. Taggart, et al. (2008). 'Meta-analysis of short sleep duration and obesity in children and adults'. *SLEEP* 31(5): 619-626.

Dat ook één korte nacht al invloed heeft op onze insulinegevoeligheid en ons suikermetabolisme beïnvloedt, is hier terug te vinden:

- Donga, E., M. van Dijk, et al. (June 2010). 'Single night of partial sleep deprivation induces insulin resistance in multiple metabolic pathways in healthy subjects'. *Journal of Clinical Endocrinology and Metabolism* 95(6): 2963-8.

DICHT OP ELKAAR EN TOCH VER WEG

De uitspraak dat 'eenzaamheid dodelijker is dan roken' is gebaseerd op deze meta-analyse. Het neemt alle artikelen die hierover verschenen zijn tezamen. Daaruit blijkt dat mensen met een klein sociaal netwerk worden gekenmerkt door een sterk verhoogd vroegtijdig risico op sterfte:

- Holt-Lunstad J., T.B. Smith et al. (2010). 'Social relationships and mortality risk: a meta-analytic review'. *PLOS MED* 7(7): e1000316.

Onlangs verscheen hiervan een update waarin ook de nieuwste studies zijn meegenomen die een vergelijkbaar beeld gaven:

- Holt-Lunstad, Julianne, Timothy B. Smith, et al. (March 2015). 'Loneliness and social isolation as risk factors for mortality: a meta-analytic review'. *Perspectives on Psychological Science* 15(10): 227-237.

6. HET LEVEN THUIS

RICHT JE KEUKEN ANDERS IN

Professor Brian Wansink van de Cornell Universiteit in de Verenigde Staten onderzoekt de onbewuste beïnvloeding van ons eetgedrag. In zijn boeken beschrijft hij zijn studies naar de grootte van bordjes, glazen, bestek en nog veel meer andere onbewuste prikkels, en vervolgens hoe je zelf veranderingen kunt aanbrengen om gezonder te gaan eten:

- Wansink, Brian. (2010). *Mindless eating. Why we eat more than we think.* (Ook in het Nederlands vertaald met als titel: *Hap slik weg.*)
- Wansink, Brian. (2014). *Slim by design. Mindless eating solutions for everyday life.*

Over de voordelen van kaliumzout boven natriumzout hebben we onderstaand artikel in het toonaangevend vakblad *British Medical Journal* opgenomen. De Nederlandse Gezondheidsraad heeft zich in 2000 op soortgelijke wijze positief over keukenzoutvervangende mineraalmengsels uitgelaten:

- Feng, J. He, Graham A. MacGregor. (September 2001). 'Beneficial effects of potassium'. *British Medical Journal* 323(7311): 497-501.
- http://www.gezondheidsraad.nl/nl/taak-werkwijze/werkterrein/gezonde-voeding/keukenzout-en-bloeddruk

In China gaat men een paar stappen verder. Daar worden nu strategieën getoetst om hele dorpen en steden zo ver te krijgen om keukenzoutvervangende mineraalmengsels te gaan gebruiken om op die manier de epidemie van hoge bloeddruk en beroerten een halt toe te roepen:

- Li, N., L.L. Yan, et al. (2013). 'A large-scale cluster randomized trial to determine the effects of community-based dietary sodium reduction – the China rural health initiative sodium reduction study'. *American Heart Journal* 166: 815-22.

SEKS IN DE SLAAPKAMER

De onderstaande studie laat zien dat het blokkeren van blauw licht door het dragen van geelkleurige lenzen voor het slapen de nachtrust verbetert:

- Burkhart, K. & J.R. Phelps. (26 December 2009). 'Amber lenses to block blue light and improve sleep: a randomized trial'. *Chronobiology International* 26(8): 1602-12.

Er zijn veel verschillende programma's om het blauwe licht dat uit je beeldscherm straalt te blokkeren. Het ondergenoemde werkt op veel verschillende besturingssystemen:

- https://justgetflux.com

Een app die je slaapritme registreert is:

- http://www.sleepcycle.com

Het positieve effect van een lichtwekker op het stresshormoon cortisol is in onderstaande studie onderzocht:

- Thorn, L., F. Hucklebridge, et al. (August 2004). 'The effect of dawn simulation on the cortisol response to awakening in healthy participants'. *Psychoneuroendocrinology* 29(7): 925-30.

CHILLEN OP DE BANK

In dit artikel wordt de rol van bruin vet uitgelegd en wordt verwezen naar verschillende studies:

- Seale, Patrick & Mitchell A. Lazar. (July 2009). 'Brown fat in humans: turning up the heat on obesity'. *Diabetes* 58(7): 1482-4.

Onderstaande studie van Nederlandse bodem laat fraai zien hoe wisselende, lage kamertemperaturen in de woonkamer de hoeveelheid bruin vet en het energieverbruik laten toenemen. De auteurs benoemen twee voordelen: je hebt het minder snel koud en je verbrandt meer energie, waardoor je minder snel dik wordt:

- Lans, Anouk A.J.J. van der, Joris Hoeks, et al. (2013). 'Cold acclimation recruits human brown fat and increases non-shivering thermogenesis'. *Journal of Clinical Investigation* 123(8): 3395-3403.

In dit artikel wordt nader ingegaan op de positieve rol van blootstelling aan hoge temperaturen, de zogenaamde *heat shock* bij veroudering:

- Verbeke, P., J. Fonager, et al. (2001). 'Heat shock response and ageing: mechanisms and applications'. *Cell Biology International* 25: 845-857.

Over de nadelige gezondheidseffecten van het wijdverbreide vitamine D-tekort kunt u dit artikel raadplegen:

- Holick, Michael F. & Tai C Chen. (April 2008). 'Vitamin D deficiency: a worldwide problem with health consequences'. *American Journal of Clinical Nutrition* 87(4): 1080S-1086S.

Voor algemene informatie over vitamines en andere voedingsgerelateerde onderwerpen kunt u ook altijd terecht bij het Voedingscentrum. Op de website is veel goede informatie te vinden:

- http://www.voedingscentrum.nl/

Over de relatie tussen zonlicht en verschillende soorten kanker verwijzen we naar:

- Freedman, D.M., M. Dosemeci et al. (2002). 'Sunlight and mortality from breast, ovarian, colon, prostate, and non-melanoma skin cancer: a composite death certificate based case-control study'. *Occupational and Environmental Medicine* 59: 257-262.

7. HET DAGELIJKS VERVOER

LACHEND LANGS DE FILE

Mensen die naar hun werk fietsen hebben 40 procent minder kans op vroegtijdige sterfte, ook als je corrigeert voor alle positieve en negatieve factoren die deze relatie beïnvloeden:

- Andersen, Lars Bo, PhD, DMSc, Peter Schnohr, MD, et al. (2000). 'All-cause mortality associated with physical activity during leisure time, work, sports, and cycling to work'. *Archives of Internal Medicine* 160(11): 1621-8.

FIETS VAN DE ZAAK

Hoewel op veel plaatsen het Fietsenplan is afgeschaft, is er nog steeds veel mogelijk. Een fiets van de zaak kan worden aangeschaft als de werkgever hiervoor de werkkostenregeling gebruikt: een bepaald bedrag dat hij belastingvrij mag verstrekken voor cadeaus, bedrijfsuitjes et cetera. Informeer bij je werkgever:

- http://www.nationalefietsprojecten.nl/pageid=875/Het_Nationale_Fietsplan_en_de_werkkostenregeling.html

8. OP HET WERK

EEN SLIMME BAAS INVESTEERT IN GEZONDHEID

Over het belang van de (sociale) werkomgeving voor je eigen gezondheid, zie:

- Tabak, R.G., J.A. Hipp, et al. (April 2015). 'Workplace social and organizational environments and healthy-weight behaviors'. *PLOS ONE* 10(4): e0125424.

DODELIJKE WERKPLEKKEN

Anders dan wordt gesuggereerd zijn er verschillende studies die laten zien dat werknemers in het algemeen openstaan voor het idee om staand te gaan werken:

- Grunseit, Anne Carolyn, Josephine Yuk-Yin Chau, et al. (2013). '"Thinking on your feet": a qualitative evaluation of sit-stand desks in an Australian workplace'. *BMC Public Health* 13: 365.
- Pronk, Nicolaas P., PhD, Abigail S. Katz, PhD, et al. (2011). 'Reducing occupational sitting time and improving worker health: the take-a-stand project'. *Preventing Chronic Disease* 9: E154.

Dat staande vergaderen net zo effectief is en minder tijd kost is allang bekend en geen onderdeel van een nieuwe hype. Zie onder andere onderstaande studie:

- Bluedorn, Allen C., Daniel B. Turban et al. (April 1999). 'The effects of stand-up and sit-down meeting formats on meeting outcomes'. *Journal of Applied Psychology* 84(2): 277-285.

Voor wie een baas treft die het licht nog niet gezien heeft: vervang je eigen dodelijke werkplek door de beste investering die je ooit hebt gedaan, namelijk in je eigen gezondheid. Voor 500 euro kun je tegenwoordig bij een Zweedse meubelgigant een prachtig elektrisch in hoogte verstelbaar bureau kopen.

Dat suikerpieken na het eten lager zijn bij mensen die staand werken, is onder andere gedocumenteerd door:

- Buckley, John P., Duane D. Mellor, et al. (February 2014). 'Standing-based office work shows encouraging signs of attenuating post-prandial glycaemic excursion'. *Occupational Environmental Medicine* 71(2): 109-11.

Voor hen die geïnteresseerd zijn in hoe de snoeppot op het werk je dik maakt:

- Wansink, B., J.E. Painter et al. (2006). 'The office candy dish: proximity's influence on estimated and actual consumption. *International Journal of Obesity* 30: 871-75.
- Painter, J.E., B. Wansink & J.B. Hieggelke. (June 2002). 'How visibility and convenience influence candy consumption'. *Appetite* 38(3): 237-8.

Over powernaps is een boek geschreven door professor James Maas, psycholoog op Cornell University, Verenigde Staten en de bedenker van de term *powernaps*:

- Maas, James B. (ed.). (1998). *Power sleep: the revolutionary program that prepares your mind for peak performance*. Villard, MN.

9. IN DE WIJK

BURGERLIJKE ONGEHOORZAAMHEID

De twee voorbeelden van grote stadsvernieuwingsprojecten die door burgerinitiatieven zijn geïnitieerd zijn 'Emma's hof' in Den Haag en het 'Singelpark' in Leiden. Op de websites kunt u inspiratie opdoen voor uw eigen wijk of binnenstad:

- http://www.emmashof.nl/
- http://www.singelpark.nl/

Wie wil beginnen met zijn eigen straat kan inspiratie opdoen bij de leefstraten in België:

- http://www.leefstraat.be/

TACTICAL URBANISM

Op de website Tactical urbanism kunt u verschillende handboeken over *tactical urbanism* downloaden met praktische voorbeelden om je wijk te verbeteren:

- http://tacticalurbanismguide.com/

De mobiele stadstuin op de Moritzplatz in Berlijn is een van de beste voorbeelden die wij kennen van hoe een mobiele stadsboerderij – samen met scholen en vrijwilligers – een braakliggend stuk land waar niemand iets aan heeft verandert in een vitale ontmoetingsplaats in de buurt:

- http://prinzessinnengarten.net/

Wie een drinkwaterpunt wil aanleggen bij het parkje in zijn wijk moet ongeveer 3000 euro bij elkaar brengen met zijn wijkgenoten. Het beste is om een drinkwaterpunt van jointhepipe te nemen. Niet alleen hoeven die in de winter niet weg, je steunt er ook een drinkwaterpunt in Afrika mee. Denk aan de kleinkinderen van Kwaku:

- http://join-the-pipe.org/nl

Dat een hond niet alleen leuk is om de buurt te verkennen maar ook goed is voor hart- en bloedvaten is goed gedocumenteerd in deze studie van de American Heart Association:

- Levine, G.N., K. Allen, et al. (2013). 'Pet ownership and cardiovascular risk: a scientific statement from the American Heart Association'. *Circulation* 127: 2353-63.

De klassieke Australische studie die de hoeveelheid beweging van hondenbezitters en niet-hondenbeziters onderzocht, vindt u hier:

- Anderson, W.P., C.M. Reid et al.(1992). 'Pet ownership and risk factors for cardiovascular disease'. *Medical Journal of Australia* 157: 298-301.

In stadsdorpen wordt ontmoeting in de wijk gefaciliteerd, door zowel online als offline ontmoetingen en activiteiten. Er zijn inmiddels honderden stadsdorpen in Nederland. Als er bij u in de wijk nog geen is, kunt u inspiratie opdoen bij een ervan. Bekende voorbeelden zijn te vinden in Amsterdam:

- http://www.stadsdorpenamsterdam.nl/

10. OP SCHOOL

INGEBLIKT SUIKERWATER

De oorspronkelijke stelling dat de omstandigheden in de baarmoeder al voor een deel bepalen hoe je later oud wordt heet de Barker-hypothese, vernoemd naar de Engelse hoogleraar David Barker, die deze gedachte groot heeft gemaakt:

- Paneth, N. & M. Susser. (1995). 'Early origin of coronary heart disease (the "Barker hypothesis")'. *British Medical Journey* 310: 411-12.

Tessa Roseboom, hoogleraar in Amsterdam, heeft voor het eerst laten zien dat deze hypothese klopte in een studie onder baby's die zich tijdens de hongerwinter nog in de baarmoeder bevonden en later meer hart- en vaatziekten kregen. Over haar studies schreef zij ook een toegankelijk wetenschappelijk boek:

- Roseboom, Tessa & Ronald van de Krol. (2010). *Baby's van de hongerwinter. De onvermoede erfenis van ondervoeding*. Amsterdam, Atlas Contact.

De Tapi is een eenvoudige omgevingsinterventie die je dag in dag uit een beetje gezonder oud maakt door je aan het drinken te zetten:

- https://dreamfarm.com/tapi/

Het programma 'Jongeren op gezond gewicht' is op dit moment in Nederland misschien wel het meest innovatieve programma om gezond ouder te worden. Op de website staan ook veel studies naar de effecten. De eerste resultaten onder de bijna 10 000 kinderen van het ChecKid-onderzoek door onder andere de GGD in Zwolle worden hier ook gepresenteerd:

- https://jongerenopgezondgewicht.nl/wat-we-doen/jogg-aanpak/effect/download/checkid-resultaten-2012_54c8a7fd9451c.pdf

EEN LOPENDE SCHOOLBUS

Check hier of de schoolomgeving van jouw kind al voldoet aan de tien gouden regels voor een veilige schoolomgeving van Veilig Verkeer Nederland:

- https://vvn.nl/dossier/schoolomgeving

STILZITTEN!

Verschillende studies laten zien dat het goed mogelijk is om lichamelijke activiteiten op school met lessen te combineren:

- Kibbe, D.L., J. Hackett, M. Hurley, et al. (June 2011). 'Ten years of TAKE 10!®: Integrating physical activity with academic concepts in elementary school classrooms'. *Preventing Medicine* 52, Supplement 1: S43-50.

Kinderen die wordt toegestaan te bewegen in het klaslokaal doen dat graag en klassen met stabureaus verleiden kinderen tot meer beweging:

- Lanningham-Foster, L.I., R.C. Foster, et al. (August 2008). 'Changing the school environment to increase physical activity in children'. *Obesity (Silver Spring)* 16(8): 1849-53.

In Texas werden vier klassen met stabureaus uitgerust, waarna onderzoekers konden aantonen dat de kinderen aanzienlijk meer energie verbrandden. Een interessante manier om overgewicht bij de jeugd te lijf te gaan maar vooral ook om kinderen te leren dat de hele dag stilzitten niet normaal is, zodat ze dat niet hun hele leven zullen doen en ongezond oud worden:

- Benden, Mark E., Jamilia J. Blake, et al. (August 2011). 'The impact of stand-biased desks in classrooms on calorie expenditure in children'. *American Journal of Public Health* 101(8): 1433-36.

Zowel de leraren als de ouders vonden dat het gedrag en de leerprestaties van de kinderen ook verbeterden, wat ook eerder al uit andere rapporten naar voren kwam:

- *Centers for disease control and prevention. The association between school-based physical activity, including physical education, and academic performance.* (2010). Atlanta, GA. US Department of Health and Human Service.

Hier kunt u controleren of het schoolplein waar uw kinderen iedere dag spelen verleidt tot bewegen en andere gezonde keuzes. Zo niet, kom dan in actie samen met de andere ouders. U mist een kans om uw kind de dingen aan te leren waar het later gezond oud van wordt:

- https://www.gezondeschool.nl/advies-en-ondersteuning/gezonde-schoolpleinen/
- Bell, Anne C. & Janet E. Dyment. (2008). 'Grounds for health: the intersection of green school grounds and health promoting schools'. *Environmental Education Research* 14(1): 77-90.

Een wandelende schoolbus heeft in verschillende studies laten zien een prima methode te zijn om kinderen duurzaam aan het bewegen te krijgen:

- Mendoza, J.A., K. Watson, et al. (2011). *The walking school bus and children's physical activity: a pilot cluster randomized controlled trial.*

11. IN DE SUPERMARKT

OMA HEEFT GELIJK

Hoe portiegrootte door de jaren heen veranderde is door de hoogleraar Brian Wansink op een creatieve manier inzichtelijk gemaakt. Hij bestudeerde door de tijd het aantal calorieën van een aantal klassieke Amerikaanse recepten in een kookboek – *The Joy of Cooking* – dat al zeventig jaar een bestseller is. Klassieke gerechten bevatten steeds meer calorieën per portie:

- Wansink, Brian & Collin R. Payne. (2009). 'The Joy of Cooking too much: 70 years of calorie increases in classic recipes'. *Annals of Internal Medicine* 150(4): 291-292.

Naar impulsinkopen wordt heel veel onderzoek gedaan. Afhankelijk van het soort artikelen is 40-80 procent van de aankopen ongepland. Begrijpelijk is er veel aandacht voor de factoren die klanten kunnen overhalen om (nog) meer impulsaankopen te doen. Deze studie neemt alle literatuur hierover samen:

- Amos, C., et al. (2013). 'A meta-analysis of consumer impulse buying'. *Journal of Retailing and Consumer Services.*

Er is in de wetenschappelijke literatuur veel discussie over of hongerige mensen nu meer kopen of niet. Sommige wetenschappers vinden het effect wel, andere niet. Sommigen vinden het alleen bij dikke of juist slanke mensen. De klassieke studie uit 1969, die aantoonde dat hongerige mensen meer eten kopen is deze:

- Nisbett, Richard E. & David E. Kanouse. (August 1969). 'Obesity, food deprivation, and supermarket shopping behavior'. *Journal of Personality and Social Psychology,* 12(4): 289-294.

Hongerige mensen kiezen het ongezondere alternatief:

- Tuorila, H., F.M. Kramer & D. Engell. (2001). 'The choice of fat-free vs regular-fat fudge: the effects of liking for the alternative and the restraint status'. *Appetite* 37: 27-32.

Studies waarbij met MRI in het brein werd gekeken, laten zien dat mensen met honger in hun brein ook worden beloond voor die ongezonde keuzes. Honger maakt niet alleen rauwe bonen zoet, het maakt patat en slagroom ook nog lekkerder:

- Siep, N., A. Roefs, et al. (2009). 'Hunger is the best spice: an FMRI study of the effects of attention, hunger, calorie content on food reward processing in the amygdala and orbitofrontal cortex'. *Behavioural Brain Research* 198: 149-158.

Een aantal recente studies vond geen effect van na het eten boodschappen doen en het maken van een lijstje. Als onderzoeken elkaar tegenspreken, wat in de wetenschap overigens normaal is, is meer onderzoek nodig. Tot die tijd blijven wij bij ons advies:

- Beneke, W.M. & C.H. Davis. (1985). 'Relationship of hunger, use of shopping list and obesity to food purchases'. *International Journal of Obesity* 9(6): 391-9.

VERLEIDEN VOOR GEVORDERDEN

Over kindermarketing is een mooi rapport geschreven door Foodwatch:

- https://www.foodwatch.org/nl/onze-campagnes/campagnes/kindermarketing/

Volwassenen worden ook verleid, met aanbiedingen en grotere voordeelverpakkingen. De invloed van de prijs op ons aankoopgedrag is in deze studie, die 160 studies hiernaar samenvoegt, per product uitgesplitst. Hieruit blijkt bijvoorbeeld dat als je frisdrank 10 procent goedkoper maakt er 8-10 procent meer van wordt verkocht:

- Andreyeva, Tatiana, Michael W. Long et al. (February 2010). 'The impact of food prices on consumption: a systematic review of research on the price elasticity of demand for food'. *American Journal of Public Health* 100(2): 216-222.

12. EEN GEZONDE SAMENLEVING

DE SPEKKIETEST

De spekkietest heet in het Engels de 'marshmallow test': een proef waarmee al tientallen jaren wordt gemeten hoe moeilijk of makkelijk kinderen uitstel kunnen verdragen. Voor een recente review, zie:

- McGuire, Joseph T. & Joseph W. Kable. (April 2013). 'Rational temporal predictions can underlie apparent failures to delay gratification'. *Psychological Review* 120(2): 395-410.

Alle gezondheidbevorderende interventies in Nederland zijn in een database bij elkaar gebracht en geëvalueerd op hun effect. We slagen er nog niet in mensen duurzaam een gezondere leefstijl aan te meten:

- https://www.loketgezondleven.nl/

LEREN VAN VROEGER

Eddy Houwaart, hoogleraar medische geschiedenis aan de Universiteit te Maastricht, schreef een boek over de hygiënisten in Nederland:

- Houwaart, E.S. (1991). *De hygiënisten. Artsen, staat en volksgezondheid in Nederland* 1840-1890. Groningen, Historische uitgeverij Groningen.

Over de cholera-epidemieën schreef de Leidse huisarts Har Meijer een heel leesbaar proefschrift:

- Meijer, Har. (2007). *Het vuil, de stad en de dokter: onderzoek naar het functioneren van de Stadsgenees- en -heelkundigen ten tijde van en in verband met de cholera-epidemieën in Leiden in de negentiende eeuw*, 1832-1866. Leiden, Uitgeverij De Kler.

De Verenigde Naties zijn in overleg om na de *Millennium development goals* de nieuwe doelen voor 2015-2025 te formuleren. Er is veel discussie over het belang van ouderdomsziekten voor de derde wereld. Wij vinden, samen met onderstaande auteurs, dat het – juist nu – van belang is om deze op te nemen:

- Alleyne, G., A. Binagwaho, et al. (2013). 'Embedding non-communicable diseases in the post-2015 development agenda'. *The Lancet* 381: 566-74.

FAST FOOD NATION BETEUGELD

Dat het bewust beïnvloeden van laagopgeleide mensen niet het gewenste effect sorteert, zie je bijvoorbeeld in deze studie naar het effect van het vermelden van het aantal calorieën bij fastfoodketens:

- Elbel, Brian, Rogan Kersh, et al. (November/December 2009). 'Calorie labeling and food choices: a first look at the effects on low-income people in New York City'. *Health Affairs* 28: 6w 1110-w1121.

De meeste studies naar de portiegrootte komen uit de Verenigde Staten, waar heel goed gedocumenteerd is dat deze zowel thuis als in fastfoodketens en in restaurants over de afgelopen decennia fors is toegenomen:

- Nielsen, S.J. & B.M. Popkin. (2003). 'Patterns and trends in food portion sizes, 1977-1998'. *JAMA* 289: 450-3.

Dat die toename van de portiegrootte mensen meer doet eten en bijdraagt aan de obesitasepidemie is uitgebreid onderzocht:

- Young, L.R. & M. Nestle. (2002). 'The contribution of expanding portion sizes to the US obesity epidemic'. *American Journal of Public Health* 92: 246-9.

Voor de invloedrijke lobby van de industrie waar je als persoon en als pleitbezorger van de volksgezondheid tegen moet vechten, zie als voorbeeld deze website, die de strategieën van de tabakslobby blootlegt:

- http://www.tabaknee.nl/

Ook de frisdrankindustrie heeft een uitgebreide lobby, en betaalt wetenschappers, diëtisten en allerlei andere professionals. Onderzoek van *The New York Times* liet heel recent nog zien dat de frisdrank-industrie geld ter beschikking had gesteld om een instituut op te richten, de Global Energy Balance Network, dat van mening is dat obesitas veel meer wordt veroorzaakt door te weinig bewegen dan door het eten (drinken) van te veel calorieën:

- http://well.blogs.nytimes.com/2015/08/09/coca-cola-funds-scientists-who-shift-blame-for-obesity-away-from-bad-diets/?_r=0

EEN ONGELUK IN SLOW MOTION

In *Oud worden zonder het te zijn* sta ik – Rudi – uitgebreid stil bij veroudering als een proces van slijtage, en het verschil tussen normale en niet-normale veroudering:

- Westendorp, Rudi. (2012). *Oud worden zonder het te zijn*. Amsterdam, Atlas Contact.

Een goede weergave van wat wij bedoelen met een ongeluk in slow motion is de epidemie van ouderdomsdiabetes. Kijk naar de trailer op onderstaand webadres. De site laat ook zien welke initiatieven worden genomen om de epidemie in omvang in te tomen:

- http://www.novonordisk.com/about-novo-nordisk/default/stories/citizenship/cities-fight-urban-diabetes.html

Over de kracht van de wet om zaken duurzaam te veranderen schreef de advocaat Roger Cox een vlammend betoog, hier toegespitst op klimaatverandering, maar onderbouwd met tal van voorbeelden van grote maatschappelijke problemen, racisme et cetera, die alleen door de wet definitief konden worden opgelost. Voor onze uitdaging – iedereen gelijke kansen geven op een gezonde oude dag – geldt hetzelfde. Roger Cox klaagde de staat aan omdat deze zijn inwoners niet beschermt tegen de opwarming van de aarde. Naar analogie hiervan zou de staat aangeklaagd kunnen worden omdat hij zijn inwoners niet beschermt tegen bedrijven die burgers verleiden om producten te kopen die ons ongezond oud laten worden:

- Cox, Roger. *Revolution justified, why only the law can save us now.*

De sterfte aan hart- en vaatziekten onder niet-rokers neemt af wanneer er een verbod wordt ingesteld op roken in publieke ruimtes. Wanneer alle studies samen worden genomen, leidt het instellen van een rookverbod in publieke ruimtes tot een gemiddelde afname van 17 procent in het aantal mensen dat een hartinfarct krijgt. Op deze wijze is een op de zes hartinfarcten te voorkomen. Zie:

- Myers, D.G., J.S. Neuberger & J. He. (2009). 'Cardiovascular effect of bans on smoking in public places: a systematic review and meta-analysis'. *Journal of the American College of Cardiology* 54: 1249-1255.

Dat de waarschuwingsteksten op pakjes sigaretten en ook de afschrikwekkende foto's niet effectief zijn, is wetenschappelijk onderbouwd:

- Kok, G., R. Ruiter, et al. (april 2007). 'Waarschuwingsplaatjes op tabaksverpakking zijn niet effectief'. *Tijdschrift voor sociale gezondheidszorg: TSG: 14-daags blad van de Algemene Nederlandse Vereniging voor Sociale Gezondheidszorg* 85(3): 133-135.
- Witte, K. & M. Allen. (2000). 'A meta-analysis of fear appeals: implications for effective public health campaigns'. *Health Education & Behavior* 27: 591-615.

In maart 2015 is in het Verenigd Koninkrijk besloten dat daar alleen nog maar sigaretten mogen worden verkocht in blanco sigarettenpakjes. Er is een goede onderbouwing dat dit waarschijnlijk een effectieve strategie is. Zie:

- http://www.kcl.ac.uk/health/10035-tso-2901853-chantler-review-accessible.pdf

13. DE DOKTER

IN GESPREK MET DR. FRANK

Voor de patiënten van dr. Frank, met extreem overgewicht en bij wie veel complexe problemen spelen is chirurgie een goede oplossing.

Onderstaande studie nam alle studies hierover samen en concludeerde dat voor het merendeel van de patiënten naast blijvend gewichtsverlies ook verbetering optrad van hun hoge bloeddruk, hoge cholesterol en suikerziekte, en dat sommige patiënten zelfs genazen van deze kwalen:

- Buchwald, Henry, Yoav Avidor, et al. (2004). 'Bariatric surgery: a systematic review and meta-analysis'. *JAMA* 292(14): 1724-1737.

Hoe moeilijk het is om blijvend gewicht te verliezen als je eenmaal obesitas hebt (BMI >30) laat onderstaande studie zien. Recente gegevens uit het Verenigd Koninkrijk onder tienduizenden volwassenen met obesitas die door de tijd zijn gevolgd lieten zien dat de kilo's aan je vastkleven. Tien jaar later bleek dat minder dan 1 procent een normaal gewicht had bereikt. Diëten die trachten om je leefregels op te leggen hebben op de lange termijn nauwelijks effect. Onze evolutionaire geschiedenis doet ons begrijpen waarom. Ons lichaam is niet gemaakt om gewicht te verliezen en doet er alles aan om juist reserves op te slaan:

- Fildes, A., J. Charlton, et al. (2015). 'Probability of an obese person attaining normal body weight: cohort study using electronic health records'. *American Journal of Public Health* 105: e54-e59.

IEDEREEN PATIËNT

Om te onderzoeken of het knippen van amandelen bij kinderen met verkoudheid een goede behandeling is, werden in elf ziekenhuizen en twee academische centra in Nederland de kinderen die verwezen waren voor het knippen van de amandelen willekeurig in twee groepen verdeeld: een groep waarbij de amandelen werden geknipt en een groep waarbij dat niet gebeurde. Vervolgens werden beide groepen kinderen twee jaar gevolgd. Het resultaat was dat in beide groepen de kinderen net zoveel en net zo vaak oorpijn en verkoudheidsklachten hadden. Het enige verschil was dat de groep kinderen die geopereerd was meer dagen koorts ontwikkelde en twee van hen complicaties opliepen na de operatie:

- Aardweg, M.T. van den, C.W. Boonacker, et al. (September 2011). 'Effectiveness of adenoidectomy in children with recurrent upper respiratory tract infections: open randomized controlled trial'. *British Medical Journal* 69(343): d5154.

In Amerika is het verwijderen van de baarmoeder (hysterectomie) de meest voorkomende chirurgische ingreep bij vrouwen. Hoewel het de geëigende ingreep is voor mensen met kanker, gaat het bij de meeste van de 600 000 ingrepen om tijdelijke, niet-levensbedreigende gevallen die na de overgang vanzelf overgaan:

- Wu, J.M., M.E. Wechter, et al. (2003). 'Hysterectomy rates in the United States'. *Obstetrics & Gynecology* 110:1091-5.

Ter vergelijking: in Frankrijk wordt slechts zelden een hysterectomie verricht wanneer er geen sprake is van kanker. Cultuur heeft heel veel invloed op de keuze van een geneeskundige behandeling. Wat in sommige culturen een ziekte wordt genoemd en medisch wordt behandeld, kan in andere culturen als iets normaals beschouwd worden. Lynn Payer schreef over deze relatie een mooi boek:

- Payer, Lynn. (1996). *Medicine and culture*. Revised edition. New York, Henry Holt Publishers.

EEN PIL VOOR ELKE KWAAL

Het effect van antidepressiva bij mensen met ernstige en minder ernstige depressies is uitgebreid onderzocht. Een overzichtsstudie die alle afzonderlijke studies in ogenschouw nam, toonde aan dat antidepressiva alleen voordeel bieden bij ernstige depressies. Bij minder ernstige klachten biedt een antidepressivum geen voordeel boven een placebo:

- Kirsch, I., B.J. Deacon, et al. (February 2008). 'Initial severity and antidepressant benefits: a meta-analysis of data submitted to the Food and Drug Administration'. *PLOS MED* 5(2): e45.

14. HET ZIEKENHUIS EN VERPLEEGHUIS

ONZE ZORG IS TE GOED

Er zijn veel studies naar het verlies van spier- en botweefsel gedurende bedrust. Over een ding zijn ze het eens: rust is niet goed! Sommige veranderingen kunnen heel dramatisch zijn. Denk maar eens aan astronauten die terug op aarde komen en wekenlang hun spieren en botten niet hebben belast. De fitte jonge mannen die de ruimte in gingen moeten een paar weken later ondersteund of gedragen worden. Dit zijn extreme voorbeelden, maar het verval is het sterkst in de eerste dagen:

- Leblanc, A.D., V.S. Schneider, et al. (August 1990). 'Bone mineral loss and recovery after 17 weeks of bed rest'. *Journal of Bone and Mineral Research* 5(8): 843-50.

- Bloomfield, S.A. (February 1997). 'Changes in musculoskeletal structure and function with prolonged bed rest'. *Medicine & Science in Sports & Exercise* 29(2): 197-206.

In onderstaande studie zijn de beweegpatronen van mensen gemeten en heeft men aangetoond dat mensen die minder zitten een gunstiger suiker- en vetstofwisseling hebben:

- Healy, G.N., E.A. Winkler, et al. (July 2015). 'Replacing sitting time with standing or stepping: associations with cardio-metabolic risk biomarkers'. *European Heart Journal Pii*: ehv308. [Epub ahead of print]

Het eten in verpleeghuizen kan beter. Ondervoeding is deels het gevolg van de omgeving waarin ouderen de maaltijd nuttigen en ook van het soort eten dat ze voorgeschoteld krijgen. In deze studie zagen de onderzoekers dat als je in verpleeghuizen gezellige tafels dekt en lekker eten op tafel zet, bewoners veel beter eten dan wanneer je ze – zoals in veel verpleeghuizen de gewoonte is – van tevoren voor de hele week vraagt in te vullen wat ze op alle dagen willen eten en dat op plateaus krijgen opgediend:

- Kristel, A., N.D. Nijs, et al. (2006). 'Effect of family-style meals on energy intake and risk of malnutrition in Dutch nursing home residents: a randomized controlled trial'. *Journals of Gerontology Series A: Biological Science and Medical Science* 61(9): 935-42.

HUISHOUDEN ALS BESTE SPORT

Odensehuizen zijn inloophuizen waar mensen met lichte vormen van dementie terechtkunnen. Ook dit concept komt uit Denemarken en wordt nu in Nederland in toenemende mate populair. Het is een interessant tegenwicht tegen (over)regulatie in veel verpleeghuizen:

- http://www.zorgvisie.nl/Kwaliteit/Verdieping/2015/7/Laat-Odensehuizen-tot-bloei-komen-2658391W/

GARDE MALADE

Er zijn veel studies over de relatie tussen sociale steun en ziekteuitkomsten. Dit artikel bespreekt deze literatuur en mogelijke mechanismen die hieraan ten grondslag liggen:

- Uchino, Bert N. (August 2006). 'Social support and health: a review of physiological processes potentially underlying links to disease outcomes'. *Journal of Behavioral Medicine* 29(4).

15. DE OPENBARE RUIMTE

COPENHAGENIZE

Kopenhagen publiceert iedere twee jaar een fietsverslag. Hierin worden alle feiten en cijfers over het fietsen in Kopenhagen gepresenteerd en de ambities van de stad in dit opzicht. In de versie van 2010 staat een mooi overzicht van de economische berekeningen van de gezondheidsvoordelen voor het individu en voor de stad:

- http://www.cycling-embassy.dk/wp-content/uploads/2011/05/Bicycle-account-2010-Copenhagen.pdf

De meest recente editie is hier te vinden:

- http://www.cycling-embassy.dk/wp-content/uploads/2015/05/Copenhagens-Biycle-Account-2014.pdf

De blog *Copenhagenize* is een van de beste blogs over de fiets als transportmiddel in de moderne stad. Hier zijn veel interessante artikelen te lezen over Kopenhagen en andere steden die experimenteren hoe ze de omgeving zo kunnen maken dat de fiets het vervoermiddel van de eerste keus is:

- http://www.copenhagenize.com/

Een van de initiatiefnemers is Mikael Colville-Andersen, de fietsambassadeur van Kopenhagen. Op internet vind je verschillende TEDX-praatjes van hem, bijvoorbeeld deze in München:

- https://www.youtube.com/watch?v=pX8zZdLw7cs

BLUE ZONES

De oorspronkelijk publicatie waarin de eerste Blue Zone op Sardinië werd ontdekt is deze. De naam is afgeleid van een kaart van Sardinië, waarop de wetenschappers in oplopende tinten blauw hadden aangegeven hoe oud mensen er werden:

- Poulain, M., G.M. Pes, et al. (2004). 'Identification of a geographic area characterized by extreme longevity in the Sardinia Island: the AKEA study'. *Experimental Gerontology* 39(9): 1423-1429.

Dan Buettner bezocht hierna samen met *National Geographic* verschillende plaatsen waar mensen langer leven en schreef er een boek over:

- Buettner, Dan. (2008). 'The Blue Zones: lessons for living longer from the people who've lived the longest'. *National Geographic*. Washington, DC.

Een verslag van de verschillende Amerikaanse steden die men heeft willen omtoveren tot 'Blue Zones' vindt u hier:
- https://communities.bluezonesproject.com/

REGISTER

Bij de productie van dit boek is gebruikgemaakt van papier dat het keurmerk Forest Stewardship Council (FSC) draagt. Bij dit papier is het zeker dat de productie niet tot bosvernietiging heeft geleid. Ook is het papier 100% chloor- en zwavelvrij gebleekt.

FSC
www.fsc.org
MIX
Papier van verantwoorde herkomst
FSC® C009076